DITIE CHEZHAN CHURUKOU DINGGUAN GONGCHENG
SHIGONG KONGZHI GUANJIAN JISHU YANJIU

地铁车站出入口顶管工程施工控制关键技术研究

种记鑫 邢慧堂 闵凡路 苏逢彬◎编著

河海大学出版社
·南京·

图书在版编目（CIP）数据

地铁车站出入口顶管工程施工控制关键技术研究 / 种记鑫等编著. -- 南京：河海大学出版社，2024. 10.
ISBN 978-7-5630-9366-3

Ⅰ. U231.4

中国国家版本馆 CIP 数据核字第 2024PF9831 号

书　　　名	地铁车站出入口顶管工程施工控制关键技术研究
	DITIE CHEZHAN CHURUKOU DINGGUAN GONGCHENG SHIGONG KONGZHI GUANJIAN JISHU YANJIU
书　　　号	ISBN 978-7-5630-9366-3
责任编辑	杜文渊
文字编辑	孙梦凡
特约校对	李　浪　杜彩平
装帧设计	徐娟娟
出版发行	河海大学出版社
地　　　址	南京市西康路 1 号（邮编：210098）
电　　　话	（025）83737852（总编室）　（025）83787763（编辑室）
	（025）83722833（营销部）
经　　　销	江苏省新华发行集团有限公司
排　　　版	南京月叶图文制作有限公司
印　　　刷	广东虎彩云印刷有限公司
开　　　本	787 毫米×1092 毫米　1/16
印　　　张	9
字　　　数	160 千字
版　　　次	2024 年 10 月第 1 版
印　　　次	2024 年 10 月第 1 次印刷
定　　　价	68.00 元

《地铁车站出入口顶管工程施工控制关键技术研究》

编委会

主　任

种记鑫　邢慧堂　闵凡路　苏逢彬

副主任

刘　浩　杨　侠　张　锟　刘　毅
李世才

编写成员

黄永亮　纪　方　张亚洲　黄星凯
申　政　王　栋　王钦山　邓小杰
王晓晖　焦子祺　魏庆温　韩　金
樊　兵　孙占刚　李　季　李　钊
张婧琛　钱勇进

目录

第一章　绪论	001
1.1　研究背景	002
1.1.1　顶管施工技术在我国的发展历程	002
1.1.2　顶管法施工的工作原理	003
1.1.3　顶管施工面临的泥浆减阻及地层扰动问题	004
1.2　本书所依托的工程背景	005
1.3　研究现状	006
1.3.1　触变泥浆作用机理及减阻效果研究	006
1.3.2　顶管施工对地层扰动的研究	008
1.3.3　顶管刀盘刀具选型及开挖盲区研究	011
1.3.4　研究现状小结	012
1.4　本书开展的主要工作	013
1.4.1　研究内容	013
1.4.2　研究意义	014

第二章　济南轨道交通2号线车站出入口工程概况及难点分析	015
2.1　工程概况	016
2.1.1　工程概况	016
2.1.2　工程地质条件	018
2.1.3　水文地质条件	018
2.2　工程难点分析	019
2.2.1　软黏土及风化闪长岩地层触变泥浆配制和减阻效果不佳	019

001

2.2.2　顶管施工管线破裂泄漏问题 …………………………………… 020
2.2.3　矩形顶管施工下穿道路管线沉降控制要求高 …………………… 021

第三章　软黏土及风化闪长岩地层触变泥浆配制及减阻技术研究 …… 023

3.1　触变泥浆性能指标及减阻试验材料与方法 ………………………… 024
    3.1.1　试验地层选择 …………………………………………………… 024
    3.1.2　试验材料和性能测试方法 ……………………………………… 025
    3.1.3　减阻试验装置与方法 …………………………………………… 032
3.2　触变泥浆性能指标及减阻试验 ……………………………………… 033
    3.2.1　触变泥浆性能指标试验 ………………………………………… 033
    3.2.2　触变泥浆减阻试验 ……………………………………………… 036
3.3　污水渗入对触变泥浆性能指标影响及减阻试验研究 ……………… 041
    3.3.1　污水渗入下对触变泥浆性能指标试验 ………………………… 041
    3.3.2　污水渗入下触变泥浆减阻试验 ………………………………… 048
3.4　触变泥浆现场实施效果分析 ………………………………………… 052
    3.4.1　触变泥浆减阻过程顶管顶推力计算分析 ……………………… 053
    3.4.2　污水渗入触变泥浆情况下顶管顶推力计算分析 ……………… 056
3.5　矩形顶管考虑泥浆触变特性的顶推力计算 ………………………… 058
    3.5.1　顶推力理论研究 ………………………………………………… 058
    3.5.2　顶推力计算公式推导 …………………………………………… 058
    3.5.3　顶管迎面阻力计算 ……………………………………………… 065
    3.5.4　顶管顶推力计算公式 …………………………………………… 066
    3.5.5　工程实例分析 …………………………………………………… 066
3.6　顶管触变泥浆测试装置与方法研发 ………………………………… 068
    3.6.1　一种可以模拟污水渗漏工况的可视化顶管模型试验装置
            ………………………………………………………………… 068
    3.6.2　一种顶管泥浆摩阻力测算装置 ………………………………… 071
    3.6.3　一种考虑水压下的顶管泥浆摩阻力测算装置及其测试方法
            ………………………………………………………………… 072

  3.6.4 一种穿越既有污水管渗漏区的顶管施工方法 …………… 074
 3.7 本章小结 ……………………………………………………………… 079

第四章 矩形顶管穿越管线密集区沉降规律研究 … 081
 4.1 模型建立与计算步骤 ………………………………………………… 082
  4.1.1 FLAC3D 软件介绍 ……………………………………………… 082
  4.1.2 计算模型与参数选取 ………………………………………… 083
  4.1.3 假定条件与计算步骤 ………………………………………… 087
 4.2 顶管开挖数值模拟结果分析 ………………………………………… 088
  4.2.1 土体竖向位移变化分析 ……………………………………… 088
  4.2.2 地表位移变化分析 …………………………………………… 092
  4.2.3 开挖后深层土体的位移变化分析 …………………………… 095
  4.2.4 现场监测与数值计算对比分析 ……………………………… 096
 4.3 不同工况下顶管施工对地层扰动的影响 …………………………… 098
  4.3.1 顶管穿越时管线密集区管线对土体沉降的约束作用 …… 098
  4.3.2 管线材质对其及周围土体沉降的影响研究 ………………… 100
  4.3.3 水泥浆置换触变泥浆对地层沉降的影响分析 ……………… 102
  4.3.4 顶管施工不同管线近距对地层沉降的影响分析 …………… 104
 4.4 顶管下穿既有管线的施工模拟试验装置及方法研发 ……………… 106
 4.5 本章小结 ……………………………………………………………… 110

第五章 矩形顶管刀盘刀具选型及开挖盲区问题分析与对策 … 113
 5.1 复杂地层矩形顶管刀盘刀具选型问题分析 ………………………… 114
  5.1.1 软土地层刀盘刀具选型分析 ………………………………… 114
  5.1.2 全-强风化闪长岩地层刀盘刀具选型分析 ………………… 115
  5.1.3 复杂地层矩形顶管刀盘刀具选型建议 ……………………… 116
 5.2 矩形顶管开挖形式调研及开挖盲区问题对策分析 ………………… 118
  5.2.1 刀盘选型分析 ………………………………………………… 118
  5.2.2 矩形顶管与圆形顶管刀盘开挖盲区区别分析 ……………… 119

5.2.3　矩形顶管施工开挖盲区对策措施研究 …………………… 120
　5.3　一种新型矩形顶管刀盘研发 ……………………………… 122
　5.4　本章小结 …………………………………………………… 124

第六章　总结 ……………………………………………………… 125
　6.1　软黏土及风化闪长岩地层触变泥浆配制及减阻技术研究总结 … 126
　6.2　矩形顶管穿越管线密集区沉降规律研究总结 ……………… 127
　6.3　矩形顶管刀盘刀具选型及开挖盲区问题分析与对策总结 ……… 128

参考文献 …………………………………………………………… 129

第一章

绪 论

1.1 研究背景
1.2 本书所依托的工程背景
1.3 研究现状
1.4 本书开展的主要工作

1.1 研究背景

随着我国经济的快速发展以及城市化建设的不断加快,城市地面交通情况不容乐观,产生诸多例如交通拥挤、环境破坏等问题。在城市轨道交通建设中,顶管法作为地下工程非开挖技术之一,近年来呈现不断上升的应用趋势,以往大多应用于城市中直径较小的地下工程建设,现如今在下穿道路、管线等沉降要求严格的地铁隧道、车站出入口等市政工程中,应用也越来越广泛。在北京、上海、广州、济南等地的地铁车站,部分出入口建设均采用矩形顶管施工。顶管法施工与其他施工技术相比,具有无需开挖、施工占地小、设备简单、对周围环境友好、经济性好等优点,使其在我国城市地下建设中得到了快速的发展。

1.1.1 顶管施工技术在我国的发展历程

我国的顶管技术在新中国成立前还属于一片空白,其最早开始于1953年的北京[1],在三年后的上海也开展过一些小型顶管工程,采用的设备相对简陋,主要为手掘式顶管。1964年,上海开展了大口径(2 m)机械式顶管推进,推进距离120 m。1967年,上海成功研制非进入式的小口径(700～1 050 mm)遥控土压式机械顶管机。1978年[2],上海成功研发适合软黏土与淤泥地层的挤压法顶管,但对覆土深度有一定的要求(大于两倍管径)。1984年,我国北京、上海、南京等地先后引进国外先进的顶管机械设备,进一步提高了我国的顶管技术储备。1988年[3],上海成功研制我国第一台多刀盘土压平衡掘进机,同时得到了工地应用的良好反馈。从1896年顶管法施工最初在美国使用以来,掘进的隧道断面主要都为圆形。我国的矩形顶管技术起步较晚,在20世纪90年代初[4],上海隧道工程股份有限公司开始系统研究矩形顶管的刀盘、土压平衡、螺机出土等,矩形顶管的断面有效使用面积通常比圆形顶管多20%以上,并于1999年在上海地铁二号线陆家嘴车站出入口工程中成功应用。

通过上述介绍可知,在近三十年里,我国的顶管工程数量不断增加,随之而来,顶管施工技术也同样突飞猛进,应用范围也不仅仅局限在电缆管道、地下管廊建设,开始逐渐向着大断面、长距离、穿越复杂地层等方向发展:上海陆翔路—祁连山路贯通工程[5] 矩形顶管(9.9 m×8.15 m),一次性顶进445 m,是当时世界上同类型一次顶进距离最长的矩形顶管工程;嘉兴市快速路环线下穿南湖大道矩形顶管[6](14.82 m×9.426 m),一次性顶进100.5 m,是当时世界上最大断面矩形顶管工程;苏州市城北路综合管廊[7] 矩形顶管(9.1 m×5.5 m),一次性顶进233.6 m;郑州下穿中州大道[8] 矩形顶管(10.4 m×7.5 m),一次性顶进105 m;上海静安寺地铁车站[9] 矩形顶管(9.9 m×8.7 m),一次性顶进82 m。顶管施工技术的发展带来最直接的影响便是顶管工程的增加,不同地质条件、施工工况的顶管工程又进一步推动顶管施工技术的发展。

1.1.2 顶管法施工的工作原理

大多数地下工程机械施工都需建筑始发井,顶管施工也不例外。在施工规划的顶进线路后方,设置对称分布的主顶油缸,油缸前方底部对称铺设导轨[10],管节与顶铁相连放在主顶油缸前方的导轨上,管节最前方安装顶管机,油缸把顶推力作用在顶铁上,防止对管节造成破坏,实际顶进采用的油缸数量由顶管尺寸和顶推力所决定。主顶油缸顶进时,推动顶管机穿过始发井顶进轴线上预留的穿墙孔进入土中,与此同时,顶管机前方的刀盘切削土体使其通过排土装置向外排出,并通过管节内的渣土运送装置运送到始发井指定的渣土池。每当顶管机向前顶进距离将要超过油缸行程,通过吊装新的管节进入始发井,重复顶进操作。在这个过程中,将管节连续埋设在两井之间,直到顶推至接收井完成接收贯通工作。

顶管法施工依据的平衡理论一般分为气压平衡、土压平衡和泥水平衡理论[11]。在地下非开挖施工中,重要的一点就在于平衡地层压力,维持开挖面稳定。基于气压平衡理论的方法是通过一定压力的压缩空气去平衡地层压力,适用于软黏土地层,但所需施工设备众多,占地面积大,不适宜在城市繁华地区施工。基于土压平衡理论的方法是通过调节压力舱内的土体压力去平衡开挖面前方的地层压力，之后将地层土通过螺旋排土器排出，由于施工场地空间要求较小，适用于覆土较浅的施工条件，一般多用于城市地区人、车流量较多的地下施工建设。基于泥水平衡理论的方法是通过将膨润土、黏土及用添加剂制成的泥浆泵入泥水舱，利用开挖面形成泥膜平衡地层压力，刀盘切削土体后，与泥浆混合，通过排泥泵和管道运送至地表，由于其需要配制泥浆所需施工场地较大，同时后续处理废浆流程也较为繁琐，一般多用于跨江、跨河通道施工。

1.1.3 顶管施工面临的泥浆减阻及地层扰动问题

近年来顶管工程逐渐向大断面、长距离方向发展，同时全国各地大大小小的顶管工程持续增加，顶管穿越的地层开始往复杂化方向发展，顶管施工中的触变泥浆配制及减阻效果问题开始引起关注。顶管顶推力主要由迎面阻力以及管壁摩阻力组成。随着顶进距离的增加，迎面阻力通常变化较小，且所占比重小；管壁摩阻力呈现增加趋势，并且是总顶力的主要组成部分[12]。顶管的断面尺寸对于摩阻力也有较大影响，随着断面尺寸的增加，管壁四周与土体接触的面积增加，进而导致管壁摩阻力增加。在管土直接接触时，管壁摩擦力主要取决于土体自身性质，例如黏聚力和摩擦系数等因素，当土体为黏聚力较大的黏土或淤泥质土时，顶管施工将遇到极大的挑战。因此，在顶管施工中，在管壁与土体之间注入触变泥浆，使得管土接触由固-固接触转变为固-液接触，从而降低摩阻力。因此触变泥浆的性能及减阻效果对于顶管施工十分重要，总顶力过大将会影响施工的正常进度。

在浅覆土、下穿道路与管线顶管施工工况下，如果地层变形控制不当，易出现地面塌陷及地表裂缝事故，例如益阳市建筑路秀峰水系改造工程[13]、湘江排水口整治工程[14]；管线破损泄漏事故，例如济南地铁D车站1号出入口。从以上事故中可以发现，顶管施工过程中沉降控制技术对于施工质量好坏至关重要。

因此，有必要针对矩形顶管施工触变泥浆减阻及沉降控制技术开展研究。这不仅对丰富触变泥浆减阻技术有重要的学术意义，并且也能起到指导现场实际施工的作用。同时得到顶管施工中的地层变形规律，进一步得出沉降控制方法，可用于指导顶管施工地面塌陷事故的防治，为顶管施工的正常掘进和沉降控制奠定理论基础。

1.2 本书所依托的工程背景

济南轨道交通 2 号线部分车站出入口位于繁华城区以及交通枢纽附近，周边车流量、人流量较多，同时下穿道路、桥梁以及重要管线复杂，为了降低对周边居民日常生活以及市民出行的影响，采用非开挖机械施工，即矩形土压平衡顶管法施工。

四个车站出入口顶管工程采用的矩形顶管机尺寸（长×宽×高）都为 5.3 m×6.92 m×4.92 m，如图 1-1 所示。管节的尺寸（长×宽×高）都为 1.5 m×6.9 m×4.9 m，管节厚度 0.45 m，管节内净尺寸 6 m×4 m，管节为整环结构，重约 40t，采用强度 C50 混凝土预制，抗渗等级为 P10。

图 1-1 现场使用的矩形顶管机

济南市轨道交通 2 号线部分车站出入口处在软黏土、风化闪长岩地层中，在该类型地层中易发生黏土矿物包裹机身造成顶推力增大顶进困难。另外在浅覆土且穿越道路管线的顶管施工中，控制地表路面以及地层深层土体沉降也较为困难。本工程属于繁华城区矩形顶管施工典型工程，研究触变泥浆减阻技术以及沉降控制技术等顶管施工问题，可为以后越来越多的车站出入口矩形顶管施工提供借鉴。

1.3 研究现状

1.3.1 触变泥浆作用机理及减阻效果研究

触变泥浆主要是由膨润土、水、添加剂拌成，在顶管施工中通过在管节与土体中形成高膨胀、低渗透、封闭性的泥浆套[15]，起到润滑和填补支撑的作用[16]。Steiner[17]发现泥浆在土体中的渗透距离与泥浆浓度成反比。Milligan[18]认为泥浆稳定性较差，浆液与土体分离将引起摩阻力的增加。Hideki[19]发现在高浓度泥浆和大的注浆压力下更易形成厚的泥浆套，形成后会阻止泥浆向土体渗透，随着泥浆注入，泥浆套厚度增加，增速减小。王双等[20]将泥浆套形态分为5种，探讨了注浆压力对泥浆套厚度的影响。刘月等[21]对顶管压浆注浆技术及触变泥浆的工作原理进行了阐述。

由于触变泥浆在不同的施工环境下可以添加不同的添加剂以满足施工的需要，许多学者针对触变泥浆的性能指标配比开展了研究。王福芝等[22]采用正交实验，以膨润土、纯碱、聚合氯化铝（PAC）为试验原料，得出膨润土、PAC是影响黏度最明显的因素。王明胜和刘大刚[23]研究膨润土、羧甲基纤维素（CMC）、纯碱和聚丙烯酰胺（PAM）四种材料对于触变泥浆性能的影响，确定泥浆最优配比。袁为岭等[24]发现膨润土含量增加，使得漏斗黏度增大、析水率和失水量减小。王李昌等[25]重点分析流变性、失水造壁性、润滑性的变化规律，得出泥浆最优配比。罗云峰[26]对泥浆的失水量、密度、漏斗黏度等进行测定，确定了最优配比。王春婷和隆威[27]研究膨润土、纯碱、聚丙烯酰胺和石墨粉等的含量对泥浆影响，得到泥浆最优配比。

摩阻力在顶管施工中是一个重要的参数，触变泥浆将管土固-固摩擦转化为固-液摩擦，能有效降低摩阻力，许多学者针对摩阻力及泥浆的减阻效果开展了研究。Milligan 和 Norris[28] 研究顶管施工的管土作用机理，对管土摩擦进行分析，提出管土相互作用的波动模型。Pellet 和 Kastner[29] 对多个顶管工程进行监控，开展管周摩阻力试验，分析超挖、停工、泥浆润滑、粒度对摩擦力的影响，得出膨润土泥浆的连续注入，可以减少 50%～90% 的动态摩擦应力，在环形空间中产生内部压力，保证挖掘的稳定性，并防止管道周围的地面沉降。Zhou 等[30] 通过模型试验模拟粉土地层顶管的顶进，研究触变泥浆降低摩擦阻力和地面沉降的效果，得出：(1) 在顶管隧道内注入触变泥浆对减小摩擦阻力有显著效果，高密度泥浆能更好地支撑土体，减少地表沉降；(2) 泥浆的黏度和凝结力对减小摩擦阻力和地面沉降均有显著效果。Shou 等[31] 通过试验确定混凝土管道与土之间润滑剂的摩擦特性，分析润滑剂对顶力和土壤-管道特性的影响，得出润滑剂有效降低管道周围土壤的应力和顶推力。Kai 等[32] 提出五种经典分析计算模型，考虑管土相互作用，进行模拟实验得出：千斤顶顶力与千斤顶距离成正比，泥浆的均匀分布对降低顶力起着至关重要的作用，有效控制注浆压力和分布可显著改变管道与土壤的相互作用状态。郭伟等[33] 通过减阻试验，研究触变泥浆与混凝土的最大静摩擦系数和滑动摩擦系数，得出泥浆中膨润土质量比增大，摩擦系数将减小。刘招伟和杨朝帅[34] 通过模拟试验，研究砂质土和黏性土在矩形顶管施工中泥浆减阻效果，得到砂土和黏性土地层泥浆注浆初始压力分别约为覆土压力的 4/5 和 2 倍。张鹏等[35] 通过协调表面 Persson 接触模型分析管土接触特性，得出考虑接触压力分布影响的管土摩阻力。张云杰[36] 通过设计摩阻力试验，研究在粉土、粉砂两种土层中触变泥浆对摩阻力影响，并调整膨润土泥浆的成分对触变泥浆的配比进行优化。叶艺超等[37] 进行摩阻力、顶管迎面阻力、纠偏系数的计算，利用弹性力学中半无限空间弹性体柱形圆孔扩张理论，得出泥浆套厚度的计算式。肖世国等[38] 采用室内减阻试验得出黏土地层摩擦系数最大，随着触变泥浆和黏土的含量逐渐增加，摩擦系数呈降低趋势。简崇林和马孝春[39] 发现通过注浆及调整注浆压力等，可有效降低顶推力，并且在相同顶管施工条件下，可以增加顶进距离。

1.3.2 顶管施工对地层扰动的研究

顶管施工与盾构施工作为非开挖地下施工，力学机理上具有很多相似的地方，二者在对于地层扰动和引起周围土体的变形机理上也有着许多的相似之处。目前盾构施工的研究成果相对丰富，因此顶管施工能够借鉴盾构施工引起的地表和地层沉降规律开展研究，但在研究过程中还需要结合顶管施工自身的特点。当前国内外顶管施工对于地层的扰动以及沉降规律的研究方法主要分为：经验法、理论分析法、数值模拟分析法。

(1) 经验法

Peck[40]对大量的隧道地表沉降数据以及工程资料研究分析后，认为可采用高斯分布拟合进行开挖土体引起的地表横向沉降计算。他认为在不排水条件下施工引起地表沉降，因此地表沉降槽的体积和地层损失的体积相同。地面横向沉降的估算公式为：

$$S(x) = S_{max} e^{-\frac{x^2}{2i^2}} \tag{1.1}$$

$$S_{max} = \frac{V_1}{\sqrt{2\pi} \cdot i} \tag{1.2}$$

$$\frac{i}{r} = \left(\frac{H}{2r}\right)^n \tag{1.3}$$

其中：$S(x)$ 为地面沉降量；x 为距隧道轴线的距离；V_1 为隧道单位长度的地层损失；S_{max} 为隧道中心线的最大沉降量；i 为沉降槽的宽度系数，通过查表或者相关公式求得；r 为隧道半径；H 为覆土层厚度；n 取值范围为 0.8~1.0。Peck 公式形式简单，所得曲线与实际地面沉降曲线也较为一致，但宽度系数 i 与隧道单位长度的地层损失 V_1 较难确定。

O'Reilly 和 New[41] 在 Peck 公式基础上，通过查阅大量的工程资料以及地面监测数据，得到了不同土质下进行隧道开挖引起的沉降槽宽度系数 i 的计算公式：

黏性土：

$$i = 0.43H + 1.1 \tag{1.4}$$

粒状土：

$$i = 0.28H - 0.1 \tag{1.5}$$

其中：i 为沉降槽的宽度系数；H 为覆土层厚度。

Atkinson 和 Potts[42] 在 Peck 公式基础上，对现场实际地层监测数据进行研究，并开展模型试验提出了沉降槽宽度系数 i 的计算公式：

松软砂土：

$$i = 0.25(H + r) \tag{1.6}$$

固结黏土及密实砂土：

$$i = 0.25(1.5H + 0.25r) \tag{1.7}$$

其中：i 为沉降槽的宽度系数；H 为覆土层厚度；r 为隧道半径。

房营光等[43] 对大型顶管施工周围土体扰动变形机理和特性进行分析研究，考虑扰动区土体密实度变化的影响，对 Peck 的地表沉降理论计算公式进行了修正：

$$S(x) = \frac{(1+k)V_0}{i\sqrt{2\pi}} e^{-\frac{x^2}{2i^2}} \tag{1.8}$$

$$S_{max} = \frac{(1+k)V_0}{i\sqrt{2\pi}} \approx \frac{(1+k)V_0}{2.51i} \tag{1.9}$$

其中：$S(x)$ 为地表沉降量；V_0 为地层损失量；$k = \dfrac{V_1}{V_0}$，V_1 为土体扰动导致土体密实度改变的体积变化量；x 为距隧道轴线的距离；i 为沉降槽的宽度系数；S_{max} 为隧道中心线的最大沉降量。

(2) 理论分析法

Sagaseta[44] 假定土体为无限介质且不排水、体积不可压缩，土体损失为圆柱体，沿纵向均匀分布，采用一个镜像源来消除虚拟边界条件。地面沉降槽体积与土体损失体积相同，得出沉降计算公式：

$$S_{z=0} = \frac{V_{loss}}{2\pi} \cdot \frac{h^2}{x^2 + h^2} \left(1 - \frac{y}{\sqrt{x^2 + y^2 + h^2}}\right) \tag{1.10}$$

其中：x 为离轴线的横向水平距离；y 为顶进方向离开挖面的水平距离；V_{loss} 为单位长度管道土体损失；h 为覆土厚度；$S_{z=0}$ 为地面深度为 0 处沉

降值。

许多学者进行公式的修正并提出新的分析方法。Verruijt 和 Booker[45] 在 Sagaseta 提出的计算公式基础上，假定土体是线性弹性材料，采用半弹性平面方法，得到土体垂直向和水平向位移的计算公式。魏纲等[46] 考虑土体泊松比，对 Sagaseta 公式进行了修正，修正后开挖面上方地面沉降量都为最大地面沉降量的 1/2，但累积概率曲线的影响范围小、收敛速度快。李方楠等[47] 计算了掘进机正面顶推力和侧面摩阻力、开挖时土体损失以及注浆压力引起的土体位移，提出了修正的 Sagaseta 公式。许有俊等[48] 运用 Mindlin 弹性理论解等方法对工程由土体应力状态变化、地层损失等 4 个方面引起的地层变形进行计算，给出了扰动范围土体内超孔隙水消散引起的工后固结沉降的计算公式。陈枫和胡志平[49] 在 Sagaseta 提出的计算方法上，提出可以模拟盾构施工的三维土体损失模式，推导地面位移的解析计算公式。张冬梅等[50] 提出将受扰动土体看作均质、等厚度的等代层，当发生土体位移时，可采用反分析方法获取等代层的相关参数。潘伟强[51] 分析管幕群顶管施工对地面沉降影响，进行水土分算或合算，发现管幕群顶管施工最大地面沉降出现在始发井加固区。邓长茂等[52] 对地表隆沉及局部变形的机理进行深入分析，得出掘进面的地表隆起主要受顶进推力影响，地表沉降则受土体损失控制。黎永索等[53] 对管幕预筑法施工地面沉降进行监测，发现控制隧道结构的墙脚下沉可以有效控制地表的沉降。

(3) 数值模拟分析法

许多学者采用数值模拟的方法研究顶管施工的沉降规律。喻军和龚晓南[54] 采用莫尔-库伦模型，模拟不同摩阻力对地面沉降的影响、土体抗力对地面沉降的影响等，得出曲线顶管地表沉降最大值在偏向顶管平面曲线的圆心一侧，注浆压力对顶管机后方土体影响较大。

魏纲等[55] 将受顶管施工扰动的土体分为 7 个扰动区，如图 1-2 所示，发现土体扰动受地层条件、施工水平以及现场管控的影响，现场施工中顶推力、管线纠偏和注浆工艺有较大影响。

朱剑等[56] 采用 FLAC3D 模拟顶管施工，得出机头前方土体扰动范围为顶管宽度的两倍；地表沉降曲线以顶管轴线为中心，呈正态分布；地表沉降的横向影响范围为顶管宽度的三倍。邴风举等[57] 进行数值模拟，得出地表沉降

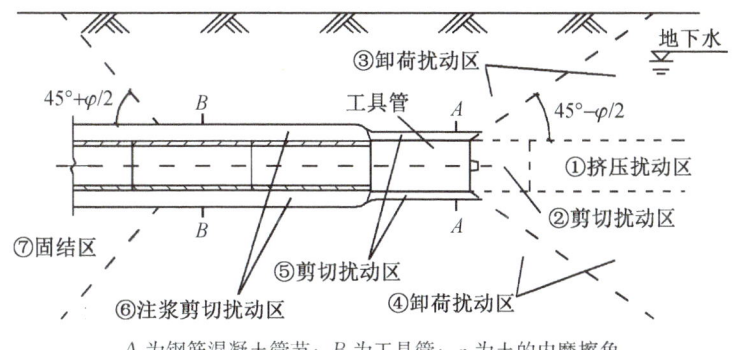

A 为钢筋混凝土管节；B 为工具管；φ 为土的内摩擦角

图 1-2 顶管施工扰动分区图

横向影响范围为顶管直径的 3.6 倍，纵向影响范围为直径的 2.14 倍，顶管在砂性土层利于控制地表沉降，黏性土层控制沉降相对困难。张明磊等[58]采用 FLAC3D 模拟顶管施工，将网格模型分为 6 部分，采用莫尔-库伦模型，模拟不同注浆压力下顶管的顶进过程，得到了泥浆套的位移云图。黄宏伟和胡昕[59]采用三维数值模拟方法对顶管机头正面推进力、地层损失、注浆影响等进行分析，得到顶管正面推进力对土体的影响范围为顶管直径的 2~3 倍，在开挖面后，地层损失引起的地表沉降逐渐增大，影响范围为直径的 2 倍。曹宇春等[60]采用 ABAQUS 进行数值模拟，得出顶管前方土体隆起范围为直径的 1.5 倍，横向土体沉降范围为直径的 3 倍，摩阻力影响顶管后方沉降，支护压力影响机头前方土体隆起。贺桂成和丁德馨[61]采用 FLAC3D 模拟顶管施工，得出土体的水平最大位移随着开挖的进行不断改变，初始上部土体向中部土体移动，圆形工作井能有效避免水平向应力集中。刘波等[62]建立三维有限元计算模型，对隧道竖向位移、水平位移、地表隆沉等进行监测，得出地表竖向位移经历 3 个阶段：隆起增强、隆起减弱和沉降；固定断面条件下，地表最大沉降位于顶管中轴线上方，距离顶管水平距离越远，沉降越小。冯海宁等[63]通过建立二维和三维有限元模型，发现迎面阻力与顶管机头偏斜对于地层变形影响较大，摩阻力对其影响较小。林晓庆[64]运用 FLAC3D 研究顶管顶进对周围建筑以及地下管线的影响，提出了保护地下管线的措施。

1.3.3　顶管刀盘刀具选型及开挖盲区研究

在顶管机使用过程中，刀盘刀具作为顶管机的切削工具，在顶管机掘进工作中发挥着极其关键的作用。刀盘刀具的选择不当，施工效率低下，施工扰动大，对周围环境产生较大影响，给生产安全造成极大威胁。开挖盲区的产生，使得工程进度受阻，影响开挖。

彭立敏等[65]认为刀盘切削面积大，对土层的扰动范围大，易造成地面及管线沉降，控制难度大。谭青等[66]研究了盾构切刀作用下岩石响应机制，发现了切刀作用于岩层时的相关规律。贾连辉[67]论述了矩形顶管机的一般结构形式，介绍了矩形顶管在城市过街通道、地下商业空间、地下停车场等地下空间开发中的应用成果及其他方面的应用前景。王旭东等[68]对已有矩形刀盘的结构形式进行了对比，初步提出了矩形刀盘设计方案，并对刀盘载荷进行了计算。刘娇[69]对组合刀盘进行了静力学仿真分析、盲区处理等关键技术的研究。杨天鸿[70]研究了大直径顶管刀盘与掌子面之间碎土填充体的状态变化、外力约束及内力分布，明确了扭矩形成的应力路径。

1.3.4 研究现状小结

根据以上国内外研究现状可以得知，顶管施工过程中触变泥浆自身的性能良好时，形成的泥浆套可以有效降低管土的摩阻力；但泥浆性能较差时，泥浆向周围土体发生渗透，无法起到减阻及填补支撑的作用。顶管施工中不同的地层条件对于泥浆的参数要求也有着显著的影响。目前，对于风化闪长岩地层的泥浆减阻效果研究较少，因此开展泥浆的性能试验并得出性能较好的泥浆各指标参数的范围，对于触变泥浆减阻技术有着重要的参考意义。

在顶管的地层变形研究中，经验法起源最早，公式也相对简单，对于土体变形通常采用 Peck 公式，或者后人进行修正的公式，但土体以及深层土体的位移研究较少，未考虑施工地层的影响且公式中土体损失较难确定。理论分析法采用弹性力学理论、随机介质理论等，进行计算假设，以得出地面或地层沉降的变形规律，但对于顶管下穿管线、管线与土体的相互作用较难考虑。数值模拟分析法虽然采用一些假定，对顶管施工中一些参数进行了简化，但可以考虑到复杂环境下的施工，例如穿越管线等，同时可以相对清晰地反映顶管的动态开挖过程以及地层变形的变化情况。

现有国内外研究顶管刀盘刀具多集中于创新刀盘刀具种类以及形式，使其能够适应岩层掘进环境。而对于顶管工程所产生的扰动与沉降问题，研究多集中于土层分析。因此矩形顶管刀盘刀具选型及开挖盲区问题分析，对于顶管刀盘刀具选型及开挖盲区问题有着重要的参考意义。

1.4 本书开展的主要工作

1.4.1 研究内容

本书依托济南市轨道交通 2 号线部分车站出入口顶管工程穿越道路管线等工程实例，采用室内试验、数值模拟方法，针对顶管触变泥浆性能以及减阻效果、污水渗入对泥浆的影响、顶管穿越密集管线区的地面及地层扰动、矩形顶管刀盘刀具选型及开挖盲区等问题，进行较为深入和系统的研究，主要研究内容如下：

（1）软黏土及风化闪长岩地层触变泥浆配制及减阻技术研究

采用自行设计的触变泥浆减阻效果测试装置，首先根据工程经验开展不同配比下的触变泥浆基本性能测试，研究泥浆的密度、黏度、析水率、失水量、pH 值等性质差异，提出性能较好的泥浆指标参数范围。然后对泥浆基本性质中性能较好的泥浆开展减阻试验，测试不同泥浆在粉质黏土与风化闪长岩土层的摩擦系数，进一步得到减阻效果的优劣。另外针对施工中污水管泄漏事故，研究污水中无机盐离子对泥浆性能及减阻效果的影响。依托工程顶管施工，提出在软黏土及风化闪长岩地层施工过程中的推荐泥浆配比，并进行现场实测效果分析，以满足施工过程中顶推力的要求。

（2）矩形顶管穿越管线密集区沉降控制技术研究

依托四种不同工况的车站出入口顶管工程，采用数值分析软件 FLAC3D 进行模拟开挖，得到顶管施工过程中周围土体的位移云图，开展隧道竖向位移变化、地表位移、深层土体位移等研究分析，得出顶管施工引起的地层沉降规律，以其中一个车站为例，比较不同工况下顶管施工对地层扰动的影响，研究管线对土体的沉降约束作用、管线材质对周围土体沉降的影响、水泥浆置换触变泥浆对地层沉降的影响，提出矩形顶管穿越密集管线区沉降控制的预防方法。

(3) 矩形顶管刀盘刀具选型及开挖盲区问题分析与对策

本研究结合济南市轨道交通 2 号线一期地铁车站出入口顶管工程，对目前国内矩形顶管刀盘刀具布置方式进行相关调研。对于不同地质，刀具切削原理和配置形式不同，针对本工程中穿越的风化岩、闪长岩、粉砂、黏土层等特殊地质条件，进行刀具磨损、破坏规律及机制研究，得出复杂地层矩形顶管刀盘刀具选型最优方案。研究有效延长刀具使用寿命、提高刀具更换效率、降低施工风险的针对性配置方案，解决复合地质条件下顶管施工的适应性问题，实现顺利穿越。

对矩形顶管开挖盲区进行理论分析。评价不同刀盘设置方案、不同开挖形式对开挖盲区的影响。基于上述分析，提出矩形顶管施工开挖盲区的相关对策措施，对刀盘、刀具设置，搅拌装置、防结泥饼喷口及锥环设置进行比选优化，减小盲区总面积、单个盲区面积，对开挖盲区可能存在的泥饼进行防治、处理，保证顶管施工的顺利进行。

1.4.2　研究意义

本工程穿越的地层条件复杂，地下管线及周边建筑物都对顶管施工提出了较高的要求。针对本工程的施工难点，开展全、强风化闪长岩地层触变泥浆配制及减阻技术、密集管线区顶管推进沉降控制技术及矩形顶管刀盘开挖盲区问题分析与对策研究。分别从顶管顶推力、施工参数控制以及刀盘、刀具布置等相关措施的角度，探索触变泥浆注浆减阻技术、推进沉降控制技术及复杂地层开挖盲区应对技术，从而保证顶管施工的正常顶进，解决施工时对周围环境造成较大影响的问题。同时尽量避免刀盘结泥饼现象，降低处理难度，控制刀盘扭矩、顶管顶推力在适宜范围内。全面提高施工效率，保障施工安全，保证工程顺利进行。结合以上研究，开发形成的一系列适合顶管工程的工法、工艺、装置及相关成果，对解决顶管工程面临的施工控制问题有直接的推动作用，具有重要的经济和社会效益。研究技术成果的普适性并推广，对今后其他类似工程，特别是对本领域其他类似工程中地层沉降控制和盲区开挖等问题的解决有重要的参考和指导意义。

第二章

济南轨道交通 2 号线车站出入口工程概况及难点分析

2.1 工程概况

2.2 工程难点分析

2.1 工程概况

2.1.1 工程概况

济南市轨道交通 2 号线于 2020 年底空载试运行。部分车站出入口工程位于繁华市区以及交通要道附近，由于地面交通情况复杂，人流量大，采用土压平衡矩形顶管施工。

A 车站 1 号出入口横穿高架，始发井位于某交叉口东北角，东西方向为高架快速路（双向六车道），周边交通十分繁忙。下穿管线主要有污水管、热水管、饮水管、雨水管、燃气管等，覆土厚度约为 6 m，过街通道长度为 69 m，顶管机在车站主体段接收，地质条件如图 2-1 所示。

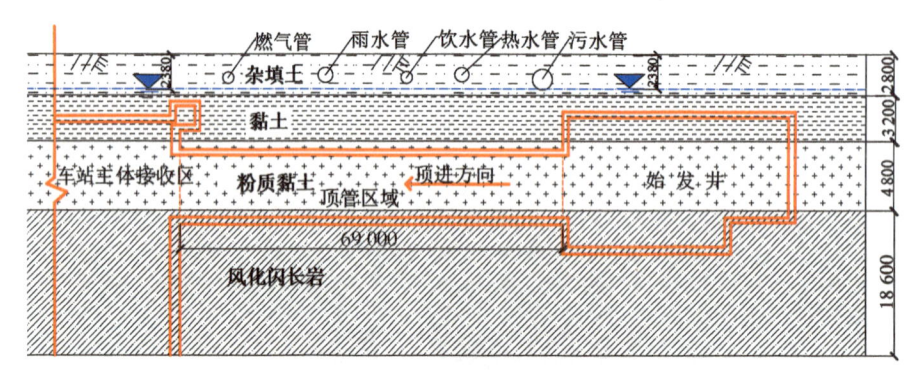

图 2-1 A 车站 1 号出入口穿越管线情况及地质条件简图 (mm)

B 车站 4 号出入口横穿公路，始发井位于公路交叉口东南侧，下穿管线主要有饮水管、污水管、雨水管、热水管等，覆土厚度约为 4.9 m，过街通道长度为 28 m，顶管机在车站主体段接收，地质条件如图 2-2 所示。

C 车站 1 号出入口横穿公路，始发井位于公路交叉口东北侧，下穿管线主要有热水管、雨水管、饮水管等，覆土厚度约为 5.1 m，过街通道长度为 30 m，顶管机在车站主体段进行接收，地质条件如图 2-3 所示。

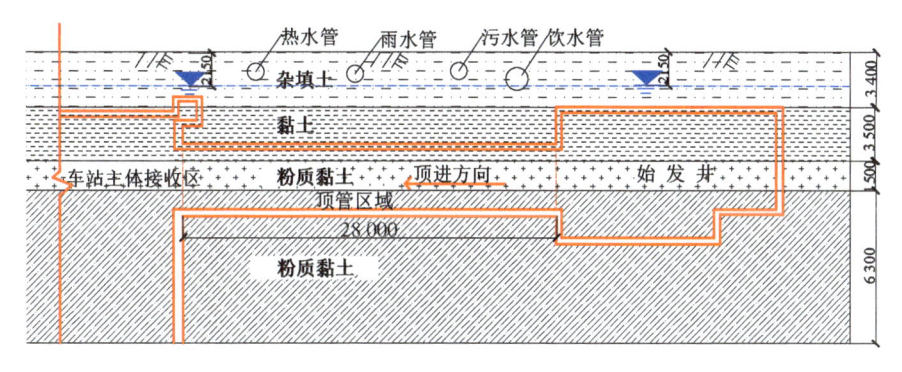

图 2-2 B 车站 4 号出入口穿越管线情况及地质条件简图（mm）

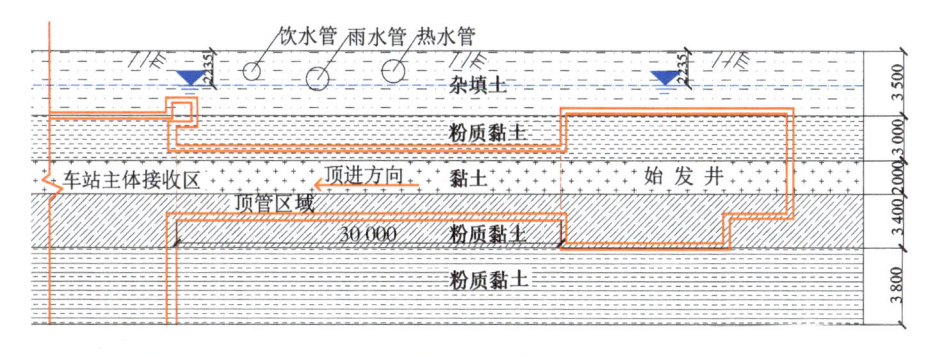

图 2-3 C 车站 1 号出入口穿越管线情况及地质条件简图（mm）

D 车站 1 号出入口横穿公路，始发井位于公路交叉口西北侧，下穿管线主要有污水管、饮水管、雨水管等，覆土厚度约为 5.1 m，过街通道长度为 32 m，顶管机在车站主体段进行接收，地质条件如图 2-4 所示。

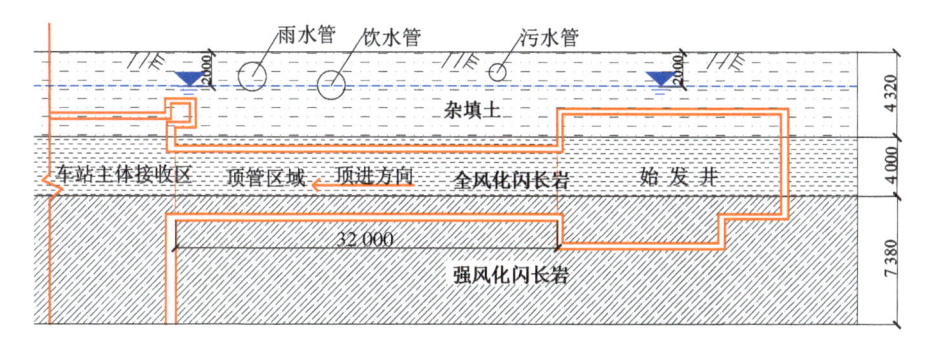

图 2-4 D 车站 1 号出入口穿越管线情况及地质条件简图（mm）

2.1.2 工程地质条件

济南地区地貌单元属于山前冲积平原，对施工影响较大的地质构造主要为断裂构造。涉及的地层主要为燕山期侵入岩：主要为闪长岩、辉长岩；新生界第四系：山前冲洪积粉质黏土、黏土等。

本区间内的地层划分如下：

杂填土：分布于地表，较为连续，部分地段缺失，本层平均厚度为 2.8 m。

黏土：黄褐色、黄棕色，硬塑状态，该层以透镜体、薄夹层形式分布于粉质黏土中，分布不连续，规律性差，本层平均厚度为 3.2 m，属中压缩性土。

粉质黏土：上部地层黏粒含量高，无摇震反应，干强度及韧性中等，稍有光泽，该层分布较为连续，属中高压缩性土；下部地层粒径约 20~40 mm，分布不均匀，含量约 3%~5%，无摇震反应，干强度及韧性中等，稍有光泽，该层连续分布于本区间，属中高压缩性土。

全风化闪长岩：岩芯采取率 80%~85%，钻进速度快，该层分布不甚连续，局部缺失，厚度变化大，偶见中等风化灰岩碎块捕房体。

强风化闪长岩：该层风化程度很不均匀，局部夹有中等风化硬夹层及全风化软夹层，夹层厚度及空间分布无规律。该层普遍分布，本层平均厚度为 18.6 m。

A 车站 1 号出入口穿越的地层上部约 4/5 为软黏土地层，下部约 1/5 为风化闪长岩地层，地层自上而下依次由约 2.8 m 的近代人工填土（以杂填土为主，其次是素填土）、约 8 m 的黏土及粉质黏土、约 18.6 m 的闪长岩等构成。

B 车站 4 号出入口地层自上而下主要为：杂填土、黏土、粉质黏土。顶管穿越地层有：黏土、粉质黏土。

C 车站 1 号出入口地层自上而下主要为：杂填土、粉质黏土、黏土、粉质黏土。顶管穿越地层有：粉质黏土、黏土、粉质黏土。

D 车站 1 号出入口地层自上而下主要为杂填土、全风化闪长岩、强风化闪长岩。顶管穿越地层有：全风化闪长岩、强风化闪长岩。

2.1.3 水文地质条件

济南地区区域内有大量地表水体，包括河流、湖泊、水库等。地下水稳定水位埋深2.1~3.0 m,高程介于21.26~23.80 m之间,属赋存于第四系松散层孔隙及下伏基岩裂隙中的潜水类型。

根据沿线地层岩性、结构、地下水的赋存条件,沿线地下水含水层可分为两类:

(1)第四系松散层孔隙潜水

主要含水层为杂填土、粉质黏土等。其中杂填土、下层粉质黏土为主要含水层,上层粉质黏土富水性和渗透性相对较小。

(2)基岩裂隙潜水

赋存于第四系下伏基岩裂隙中和构造裂隙中,属基岩裂隙潜水类型,含水层主要为全风化闪长岩和强风化闪长岩,由于受千佛山及其次生断裂的影响,岩体破碎程度严重,裂隙发育、风化程度较高,为地下水储存和渗流提供了条件,A车站基岩裂隙水具有含水层厚度大、富水性相对强的特征。

地下水的排泄方式以蒸发、侧向径流及人工开采等形式为主。根据收集的相关水文地质资料,场地地下水位年变化幅度按2.0~3.0 m考虑。

2.2 工程难点分析

2.2.1 软黏土及风化闪长岩地层触变泥浆配制和减阻效果不佳

根据以上四个车站出入口的工程地质条件,顶管要穿越的地层可以分为软黏土以及风化闪长岩地层,其中B车站4号出入口和C车站1号出入口主要穿越黏土和粉质黏土地层;A车站1号出入口主要穿越粉质黏土以及部分风化闪长岩地层;D车站1号出入口主要穿越风化闪长岩地层。

车站出入口穿越地层复杂,有风化闪长岩、黏土、粉质黏土等,其中全、强风化闪长岩裂隙发育、渗透系数大,遇水易软化。岩层中的黏土矿物易包裹顶管机身,导致顶管顶推力增大,对于触变泥浆的减阻效果提出较高要求。触变泥浆自身性质不佳会导致泥浆的渗透滤失,难以形成良好的泥浆套,使得触变泥浆失去润滑和填补支撑的作用,影响正常顶进,甚至影响施工的安全开展。能够有效降低摩阻力的触变泥浆对施工十分重要。因此制成合理配比且减阻效果较好的触变泥浆是顶管施工所面临的一大难题。

因此,针对这种软黏土及风化闪长岩地层开展触变泥浆配制及减阻效果研究,对于顶管工程的正常安全开展是至关重要的。

2.2.2 顶管施工管线破裂泄漏问题

D车站1号出入口在顶管施工过程中下穿污水管等重要管线,由于污水管临近始发井,同时管体陈旧,临近施工扰动多,导致污水管管节间发生错动,污水沿接口处流出、渗入地层。污水管的埋深为2.1 m,直径为600 mm,管体为塑料材质,管线接口为承插式,接口处为混凝土材质。现场施工人员发现,污水沿着泥浆套和顶管之间的缝隙,将泥浆套挤入始发井,同时在螺旋排土器排出的土体中发现污水渗入,表明污水沿泥浆套向后进入了始发井(图2-5),同时向前进入了压力舱,使得顶管顶进中顶推力大幅增加,顶进施工困难。

图2-5 现场始发井污水渗漏情况

污水管的泄漏会引起周围土体发生流失，导致土质松软[71]，并使得周围地层的强度改变，特别是污水引起地层富营养化，导致地层中有机质增加，强度显著下降[72]。在泥浆套被污水破坏的过程中，污水推挤泥浆套，使触变泥浆发生稀释，另外污水中的化学成分也会引起触变泥浆发生劣化，导致其作用机理被破坏，丧失其润滑减阻效果。在泄漏事故后，现场采取在泄漏位置注浆加固的方式弥补地层沉降，并及时将污水管线进行改道处理，使得后续施工正常开展。

因此，有必要对城市污水成分开展调研，研究污水成分对触变泥浆性质的影响，并进一步探究对泥浆减阻效果的影响，这对于施工安全与环境保护具有重要意义。

2.2.3 矩形顶管施工下穿道路管线沉降控制要求高

本工程属于矩形顶管施工，顶管施工中顶管断面的尺寸对于土体的扰动影响较大，一般随着顶管断面的增大而增加，并且与覆土深度也有着很大的关系。顶管覆土埋深普遍在 5～6 m，属于浅覆土施工，顶管断面地层也较为复杂，一个断面包括多种不同地层，同时顶管施工临近建筑物，地表道路交通量大，穿越的地下管线众多，对于路面以及管线的沉降控制要求严格，施工过程中一旦沉降控制不良，将可能导致地面出现裂缝或下沉凹陷，沉降过大时，将会出现管线破裂、损坏等严重问题，影响周边的环境安全以及人们的正常出行，也会造成巨大的经济损失并对社会产生不良影响。如何合理控制大断面浅覆土顶管施工中的沉降是顶管施工所面临的又一大难题。

因此，有必要针对矩形顶管下穿道路管线开展沉降控制技术研究，揭示顶管施工中地表及地层深度土体的沉降规律以及不同工况下施工对于地层扰动的影响规律，这对顶管安全施工意义重大。

本书针对济南市轨道交通 2 号线部分车站出入口顶管工程所面临的三个问题，即"软黏土及风化闪长岩地层触变泥浆配制和减阻效果不佳""顶管施工管线破裂泄漏问题""矩形顶管施工下穿道路管线沉降控制要求高"这三个问题进行分析研究。

第三章

软黏土及风化闪长岩地层触变泥浆配制及减阻技术研究

3.1 触变泥浆性能指标及减阻试验材料与方法

3.2 触变泥浆性能指标及减阻试验

3.3 污水渗入对触变泥浆性能指标影响及减阻试验研究

3.4 触变泥浆现场实施效果分析

3.5 矩形顶管考虑泥浆触变特性的顶推力计算

3.6 顶管触变泥浆测试装置与方法研发

3.7 本章小结

济南市轨道交通 2 号线部分车站出入口工程所穿越地层复杂，有黏土、粉质黏土、强风化闪长岩、全风化闪长岩等，隧道埋深较浅，软黏土及风化闪长岩地层中含有多种黏度较大的矿物，顶管施工易导致顶推力增大，对于触变泥浆性能及减阻效果提出较高要求。本章针对软黏土及风化闪长岩地层泥浆指标及减阻效果开展试验研究，针对污水管破裂污水渗入触变泥浆现象，对污水影响下的泥浆性能及减阻效果开展研究，旨在找到与该地层相匹配的泥浆配比，使其在施工中减阻效果达到最好，为顶管在类似地层施工中提供一定的参考价值。

3.1 触变泥浆性能指标及减阻试验材料与方法

3.1.1 试验地层选择

根据本工程地勘报告中显示顶管穿越的主要地层为粉质黏土与风化闪长岩地层，其中粉质黏土天然含水率为 25.3%，孔隙比为 0.729，压缩系数为 0.38 MPa^{-1}，压缩模量为 4.7 MPa，渗透系数为 2.9×10^{-6} cm/s，黏聚力为 25 kPa，内摩擦角为 17°，静止土压力系数为 0.44；风化闪长岩压缩模量为 10 MPa，渗透系数为 6.8×10^{-3} cm/s，黏聚力为 20 kPa，内摩擦角为 22°。

室内减阻试验分别选用这两种土层作为模拟地层，两种地层土选用现场施工中螺旋排土器出土（图 3-1），经过烘干处理后加水调至天然含水率。

粉质黏土 　　　　　　　　风化闪长岩

图 3-1　济南现场地层土

3.1.2　试验材料和性能测试方法

试验泥浆采用顶管施工中常用的膨润土泥浆为基础泥浆,通过添加不同的聚丙烯酰胺来调节泥浆的黏度。膨润土为济南地铁车站出入口实际使用,图3-2为颗粒粒组频率曲线,黏粒含量为8%。试验中采用的添加剂为现场使用的聚丙烯酰胺,分子式为$(C_3H_5NO)_n$,属于阴离子型高分子聚合物,白色粉末状固体,如图3-3所示,分子量为1 200万,固含量≥90%,具有较好的水溶性,在水中形成黏稠溶液。

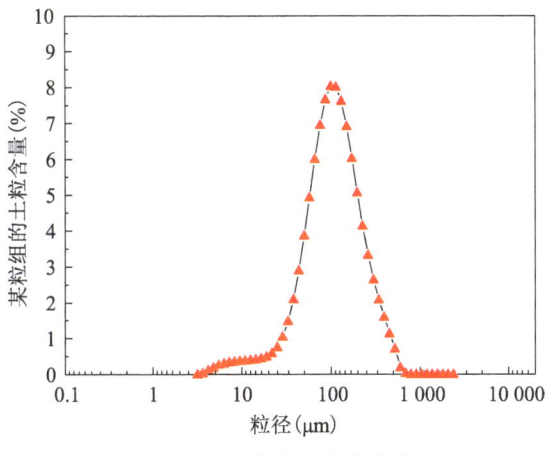

图 3-2　颗粒粒组频率曲线

图 3-3　聚丙烯酰胺颗粒

试验采用无机盐掺入泥浆模拟污水渗漏与泥浆混合,选用氯化铵、氯化钠两种无机盐,参数如表3-1所示。

表 3-1　无机盐参数表

名称	性状	分子量	含量（%）	pH值
氯化铵	白色结晶粉末	53.49	99.5	4.5～5.5
氯化钠	无色结晶	58.44	99.5	5～8

(1) 泥浆密度

泥浆的密度作为工程中常用的衡量泥浆性质的指标,表征泥浆中固体颗粒的含量,单位为g/cm^3,合适的泥浆密度影响顶管开挖的稳定,是顶管施工中泥浆指标评价的重要一项。实验室采用 1002 型泥浆比重秤测量泥浆密度，如图 3-4 所示。1002 型泥浆比重秤由泥浆杯、横梁支架、游动砝码、带水平气泡的横梁以及调重管构成，所测值为泥浆密度值与 4℃时纯水密度值的比值。

图 3-4　1002 型泥浆比重秤

比重秤的使用方法：

首先进行比重秤的校准，将清水倒入泥浆杯使得其刚好溢出，盖紧泥浆杯杯盖，擦干从泥浆杯溢出的水分。将横梁卡在支架卡口支点处，调节游码使其左侧边界位于横梁刻度"1"处。观察横梁上方调平气管中的气泡位置，通过调整小钢珠的数量，使得气泡位置居中，倒空泥浆杯中的清水，即完成了比重秤的校准。

测量时，向泥浆杯中加入搅拌充分的泥浆使得其刚好溢出，盖紧盖子，擦干溢出的泥浆。拨动游码使气泡管中的气泡位于中心位置（两条红线之间），此时，游码左侧的刻度数即为泥浆的密度测量值。

（2）泥浆黏度

泥浆黏度是衡量触变泥浆性质的重要指标之一，其物理意义为在剪切力作用下泥浆流动时抵抗变形的能力，反映泥浆的流变特性。本次试验均采用马氏漏斗黏度计（图 3-5）测量泥浆黏度，漏斗容量为 1 500 ml，量筒容量为 946 ml。漏斗黏度反映宏观的黏性大小（适用于低流速状态下的泥浆黏度测定），是一种条件黏度，比较所得数值与水的测试结果来衡量黏度大小。

马氏漏斗黏度计的使用方法：

测试黏度前，首先用清水润湿马氏漏斗黏度计，手扶漏斗使其呈垂直状，用食指堵住漏斗下方小孔，将试验泥浆由滤网倒入漏斗中，泥浆量需要控制到使得液面刚好到达漏斗滤网网格表面。将漏斗维持垂直状放置于量筒上方，松开手指，同时按下秒表开始计时，当量筒中的泥浆液面淹没量筒口时停止计时，这时秒表的读数即为试验泥浆的马氏漏斗黏度值。

图 3-5　马氏漏斗黏度计

（3）析水率

析水率是反映泥浆物理稳定性的基本指标，体现泥浆土颗粒分散水化的程度，即泥浆矿物成分的水化能力，主要是胶粒等颗粒吸水、分子键拉长、黏粒周围的结合水膜变厚的过程。主要采用量筒测量（图 3-6），泥浆的析水率越低，其物理性质越稳定，更不易出现颗粒沉淀等现象。

测试方法：将搅拌均匀的 1 000 ml 泥浆倒入 1 000 ml 量筒中，密封后静置 24 小时，计算量筒上部澄清液所占量筒总刻度的百分比，即为泥浆的析水率。

（4）失水量

泥浆的滤失性由失水量体现，具体指泥浆在压力差的作用下，其中的自由水向土体中发生渗透的现象。泥浆的失水量越大，表示其在压力差作用下更易向土体中发生渗透，泥浆中的水分更易流失，水分的流失会导致泥浆丧失流动性，同时影响泥浆的稳定性。实验室采用中压（API）滤失仪测定泥浆的失水量，如图 3-7 所示。仪器主要由盛液杯、打气筒、带筛网的底盖、滤纸、垫

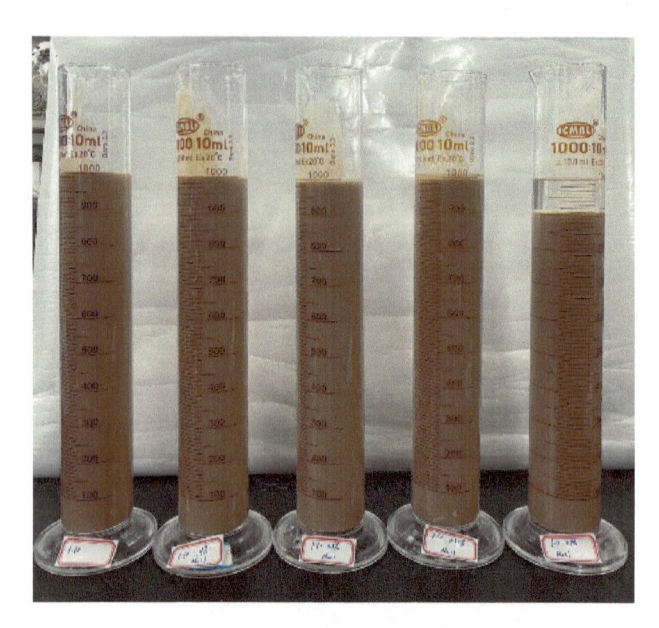

图 3-6　泥浆析水率测试

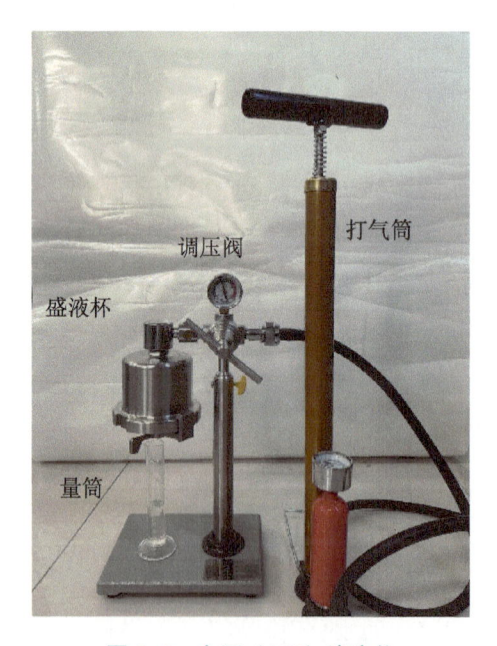

图 3-7　中压（API）滤失仪

圈、调压阀、减压器、量筒组成，筛网的有效滤失面积为 45.6 cm^2，盛液杯容量为 240 ml，量筒容量为 25 ml。

中压（API）滤失仪的使用方法：

测试前首先确保各部件清洁干燥，密封垫圈未变形或损坏，将打气筒垂直放置在地面上，检查调压阀处于自由活动位置，调节减压器上的进气开关处于关闭状态，将打气筒与减压器紧密连接旋紧，此时气源部分准备完毕。打开盛液杯底盖，用手指堵住底部小孔，将试验用的泥浆样品倒入，使得液面位于垫圈下方，放置垫圈，在垫圈上方放置滤纸，使其平铺在泥浆与垫圈上方，旋紧底盖，将其倒置旋转 90°卡在减压器上，将量筒放置于盛液杯正下方。使用打气筒注入压力，将打气筒的压力调整到 1 MPa 后，调节调压阀的阀门，缓慢转动调节压力至 0.69 MPa，打开减压器上的进气开关，当看到压力表瞬时稍有下降（或听到杯中有进气声音）后，见到第一滴水流出时开始记录时间，30 分钟后取出量筒，读出量筒上的读数即为泥浆的失水量。

（5）pH 值

pH 值主要反映泥浆的酸碱性、化学稳定性。pH 值过高或过低，会使泥浆的腐蚀性增加，腐蚀破坏机械设备，同时泥浆的渗透作用也会导致周围的土体发生污染，造成环境问题。实验室采用 pH 计测定泥浆的 pH 值，如图 3-8 所示。

测试方法：首先将 pH 计放入清水中进行校核，当 pH 计的示数稳定后，将 pH 计的探头擦干，放入盛放泥浆的烧杯中，轻微晃动 pH 计，使其探头部分与泥浆充分接触，长按 pH 计上的计算按键，当出现"计算完成"后，读取 pH 计上的示数即为泥浆的 pH 值。

图 3-8　pH 计测试

（6）泥浆颗粒级配

泥浆的颗粒级配主要反映泥浆中不同粒径土颗粒的含量与分布情况，泥浆的级配对于泥浆的基本性质有着重要的影响，特别是影响泥浆的渗透析水性。在土工试验中，对于粒径大于 75 μm 的土粒，一般采用土工筛测定级配分布，而泥浆中含有很多细小的颗粒，一般小于 75 μm。因此，对于泥浆的级配，实验室一般采用 MS2000 型激光粒度分析仪测定泥浆的颗粒级配分布情况，如图 3-9 所示。

图 3-9　MS2000 型激光粒度分析仪

激光粒度分析仪的使用方法：

在电脑上打开测试软件，在测试开始前，首先将测试探头在装满蒸馏水的烧杯中进行反复旋转清洗，待清洗完成后，将待测泥浆用滴管逐滴滴入烧杯中，观察软件显示的滴入量，当滴入量达到规定要求时，点击开始测量，测试软件会自动开始处理，当软件显示"测量完成"时，即可导出试验数据，绘制颗粒粒径分布曲线。其工作原理是当待测样品中的土颗粒在蒸馏水中被均匀旋转分散后，被环形循环泵泵送后经过激光束之间的玻片，由于土颗粒的尺寸不同，因此在激光下将会产生不同的衍射角，一般颗粒越小对应的衍射角越大，因此通过测量衍射角的大小进而计算所测土颗粒的粒径大小。

（7）泥浆颗粒 ζ 电位

泥浆中的黏土颗粒带负电，因此在颗粒周围会形成电场。由于正负电荷会相互吸引，泥浆中的多种阳离子在静电引力的作用下会被吸引到黏土颗粒的周围，并且黏土颗粒与阳离子的距离不同，受到的引力也存在差异，往往呈现不均匀分布。在黏土颗粒周围表面，由于其静电引力强，吸引的阳离子多，阳离子往往在黏土颗粒的表面被紧密地吸引，成为固定层。距离黏土颗粒表面越远，引力逐渐减弱，吸引的阳离子减少，阴离子逐渐增加，直至恢复到正常溶液状态，这部分阳离子的稳定性较差，成为扩散层。

黏土颗粒在溶液中会发生移动，移动时将与分散介质发生相对移动，这个界面为滑动面。ζ电位表示滑动面以外的分散剂中任意点的电位，通过测量ζ电位可以衡量泥浆的稳定性。ζ电位主要作用在于反映土颗粒间相互吸引的能力。ζ电位的测量结果往往呈现负值，因此用绝对值来进行衡量，绝对值越高，表示颗粒间的引力小、斥力大，泥浆中的颗粒引力和斥力保持平衡，体系相对稳定。反之，ζ电位绝对值越低，表示颗粒间的斥力小、引力大，引力起主导作用，在引力的作用下土颗粒相互接近，将会产生团聚凝结现象。实验室一般采用Zeta电位仪（图3-10）测量土颗粒的ζ电位，测量范围为5 nm～10 μm的粒子。

Zeta电位仪的使用方法：

将待测泥浆放入量筒中，静置24小时，泥浆产生分层现象后，取出上清液。预热仪器30分钟，设置试验所需要的一些重要参数，如计算模型、分散剂类型等，用注射器取部分上清液，将其推入弯曲式毛细管样品池（图3-11），使得样品池中充满液体，将样品池放入电极，点击开始测量，仪器会自动测量ζ电位。

图3-10 Zeta电位仪　　图3-11 样品池

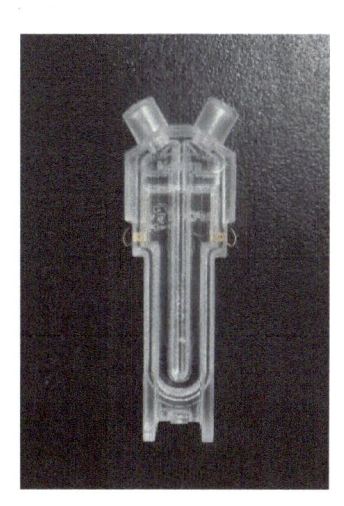

3.1.3　减阻试验装置与方法

采用自主设计的试验装置进行触变泥浆的减阻试验，主要测定水泥板与土体接触界面的摩擦阻力，装置示意图如图 3-12 所示，实物图如图 3-13 所示。

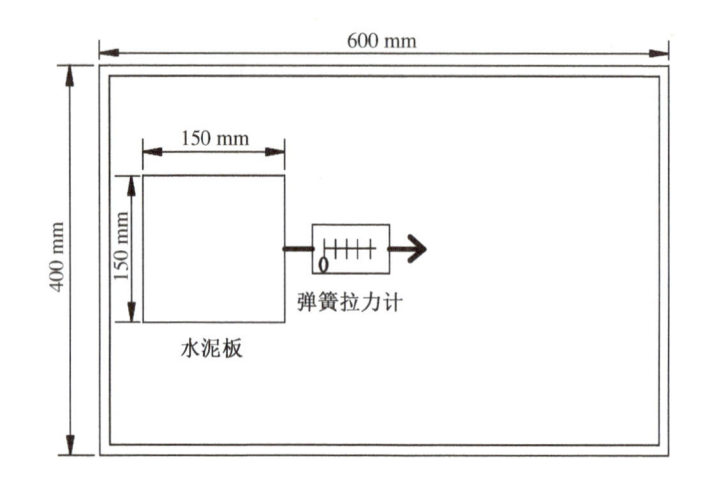

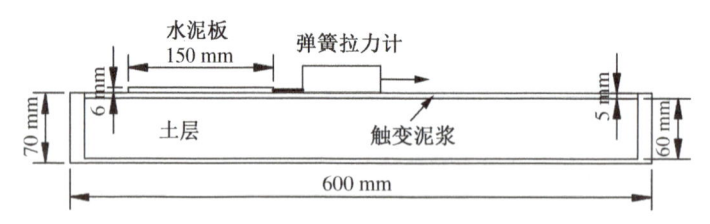

图 3-12　泥浆减阻装置示意图

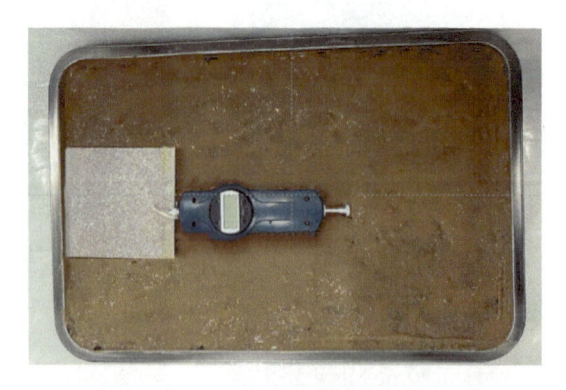

图 3-13　泥浆减阻装置实物图

试验装置主要由托盘、水泥板、弹簧拉力计、软绳等组成，试验模型的具体尺寸如下：

（1）托盘：本实验采用的托盘尺寸为 600 mm（长）×400 mm（宽）×70 mm（高），托盘厚度为 5 mm。

（2）水泥板：水泥板尺寸为 150 mm（长）×150 mm（宽）×6 mm（高），在水泥板前方用胶布包裹，可有效减少拉动过程中前方土体的堆积。

（3）弹簧拉力计、软绳、荷载：弹簧拉力计为数显款，最大量程为 10 N，精度为 1%，软绳长度约为 30 mm，分别采用三块水泥板作为荷载，其中一块水泥板质量为 237.6 g。

试验开始前在托盘中装入高 6 cm 已烘干重新配制的现场地层土，将其用小锤紧密压实，确保土体表面水平。将水泥板与弹簧拉力计连接，缓慢匀速拉动弹簧拉力计，读取弹簧拉力计的示数，分别添加一块、两块、三块水泥板荷载在被拉动的水泥板上方，多次测量读取弹簧拉力计的示数，最后绘制拉力与水泥板重量的曲线，斜率即为水泥板与地层土的摩擦系数。在上述试验基础上，在土层上平铺 5 mm 厚的不同配比的泥浆，开展触变泥浆的减阻试验，试验过程与上述相同，最后绘制在不同配比泥浆下的拉力与水泥板重量曲线，求得水泥板与泥浆之间的摩擦系数。

3.2 触变泥浆性能指标及减阻试验

3.2.1 触变泥浆性能指标试验

根据工程经验开展不同膨水比泥浆的配制，将膨润土与水按照 1∶6、1∶8、1∶10、1∶12、1∶14 的质量比进行均匀混合，采用搅拌装置，控制转速在 1 000 r/min，对泥浆充分搅拌 30 分钟，密封静置 24 小时，使膨润土充分膨化。

通过对上述五种配比泥浆的密度、泥浆黏度、析水率、失水量、pH 值进行测定，得出不同膨水比泥浆的基本物理性质试验结果，见表3-2。

表3-2　不同膨水比对泥浆性能的影响

膨水比	泥浆密度 (g/cm³)	泥浆黏度 (s)	析水率 (%)	失水量 (mL)	pH值
1∶6	1.11	无法滴落	0	10.2	9.85
1∶8	1.07	滴漏	0	11.9	9.78
1∶10	1.06	129	0	13.2	9.45
1∶12	1.05	73	0	14.1	9.42
1∶14	1.04	48	0.5	15.8	9.26

试验结果表明：(1) 膨润土含量对于泥浆密度具有一定的影响，含量越高，泥浆中土颗粒越多，密度越大。(2) 膨润土含量对于泥浆流动性具有较大影响。随着膨润土含量的增加，泥浆漏斗黏度逐渐增加，当膨水比达到1∶8时，泥浆的流动性显著下降，出现了滴漏现象。当膨水比1∶6时，泥浆几乎丧失了流动度，在施工中容易导致注浆压力增大、注浆困难。(3) 膨润土含量对于泥浆稳定性也具有一定影响，泥浆总体上稳定性较好，但当膨水比为1∶14时，泥浆出现了少量析水现象。(4) 随着膨润土含量的增加，泥浆的失水量逐渐减小，但相邻膨水比之间的失水量变化幅度较小。(5) 泥浆的pH值随着膨润土含量的增加，呈增加的趋势，但变化不明显，泥浆总体上呈现弱碱性。

经过比选后，采用膨水比1∶10、1∶12、1∶14的泥浆，分别添加不同含量的聚丙烯酰胺进行泥浆性能试验。

将膨水比1∶10、1∶12、1∶14的三种纯膨润土泥浆分别掺入聚丙烯酰胺，其质量比确定为0.01%、0.05%、0.1%，测定不同聚丙烯酰胺含量下泥浆的上述五种性能指标，试验结果见表3-3。

表3-3　不同聚丙烯酰胺含量对泥浆性能的影响

膨水比	聚丙烯酰胺 (%)	泥浆密度 (g/cm³)	泥浆黏度 (s)	析水率 (%)	失水量 (mL)	pH值
1∶10	0	1.06	129	0	13.2	9.45
1∶10	0.01	1.06	356	0	14.5	9.83

续表

膨水比	聚丙烯酰胺(%)	泥浆密度(g/cm³)	泥浆黏度(s)	析水率(%)	失水量(mL)	pH 值
1∶10	0.05	1.06	无法滴落	0	10.8	9.76
1∶10	0.1	1.06	无法滴落	0	9.3	9.86
1∶12	0	1.05	73	0	14.1	9.42
1∶12	0.01	1.05	164	0	15.1	9.78
1∶12	0.05	1.05	无法滴落	0	12.7	9.74
1∶12	0.1	1.05	无法滴落	0	10.3	9.73
1∶14	0	1.04	48	0.5	15.8	9.26
1∶14	0.01	1.04	89	6.5	19.4	9.75
1∶14	0.05	1.04	无法滴落	0	13.4	9.66
1∶14	0.1	1.04	无法滴落	0	12.2	9.72

从表 3-3 中可以看出，聚丙烯酰胺的添加对于泥浆的密度影响不大，对泥浆的黏度影响较大，当聚丙烯酰胺含量过高时，泥浆黏度过大，丧失流动性。聚丙烯酰胺的添加对泥浆的析水率影响不大，基本未出现变化，但膨水比 1∶14 泥浆掺入 0.01% 聚丙烯酰胺时，出现 6.5% 的析水。对于失水量也有较大的影响，随着聚丙烯酰胺含量增大，泥浆的失水量先增大后减小，当聚丙烯酰胺的含量为 0.01% 左右时，泥浆的失水量达到最大。因为聚丙烯酰胺具有絮凝的作用，当膨润土含量较小时，随着聚丙烯酰胺含量的增加，膨润土泥浆的絮凝效果逐渐提高，表现为泥浆的失水量和析水率增大。当聚丙烯酰胺含量达到 0.05% 时，絮凝效果十分明显，泥浆呈现块状大颗粒，如图 3-14 所示。当聚丙烯酰胺含量达到 0.1% 时，泥浆呈现凝胶状，如图 3-15 所示。聚丙烯酰胺的掺入使得泥浆的 pH 值波动增加，但幅度并不明显。

综上所述，针对触变泥浆的五种性能指标，泥浆性质较好的指标参数范围为：密度在 1.05~1.15 g/cm³ 之间，马氏漏斗黏度大于 40 s，析水率为 0，失水量小于 15 mL，pH 值在 7~10 之间。采用未添加聚丙烯酰胺的膨水比 1∶10、1∶12 两种纯膨润土泥浆以及添加 0.01% 聚丙烯酰胺的膨水比 1∶10、1∶12 两种泥浆，共计四种泥浆，开展触变泥浆的减阻试验，将四种泥浆依次标记为 SL1、SL2、SL3、SL4。

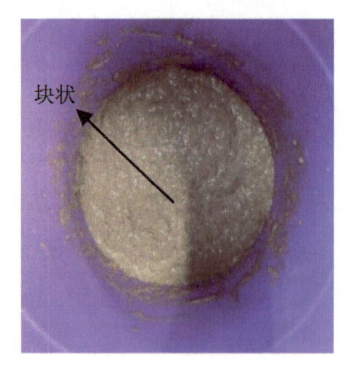

图 3-14　块状大颗粒泥浆　　　　图 3-15　凝胶状泥浆

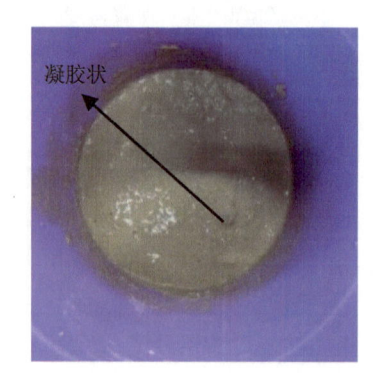

3.2.2　触变泥浆减阻试验

采用自主设计的减阻装置开展试验，试验的地层分别为粉质黏土和风化闪长岩。触变泥浆采用 SL1、SL2、SL3、SL4 四种，同时在水泥板底部均匀涂抹凡士林模拟实际施工涂蜡对减阻效果的影响，共计试验 20 组。

(1) 粉质黏土地层触变泥浆减阻试验

根据减阻试验得到的数据，绘制粉质黏土地层的水泥板拉力与不同荷载情况下水泥板重量的拉力-重量曲线，如图 3-16 所示，直线的斜率即表示水泥板

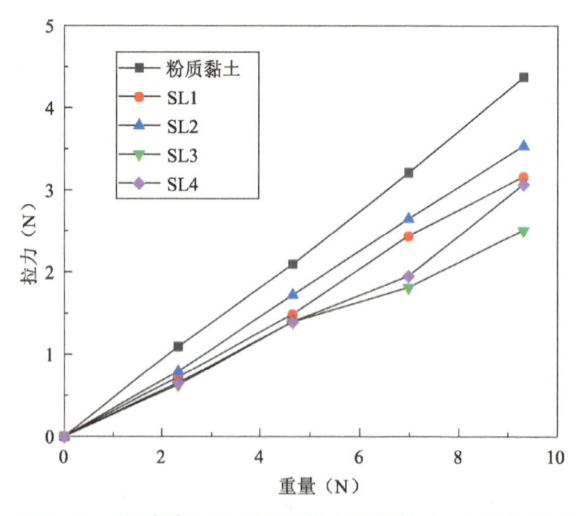

图 3-16　粉质黏土下不同泥浆水泥板拉力-重量曲线图

与粉质黏土及水泥板与不同配比泥浆的接触界面摩擦系数。

通过对图 3-16 直线的斜率进行拟合计算，可以得出减阻试验水泥板与粉质黏土及水泥板与不同配比泥浆的平均摩擦系数，如图 3-17 所示。

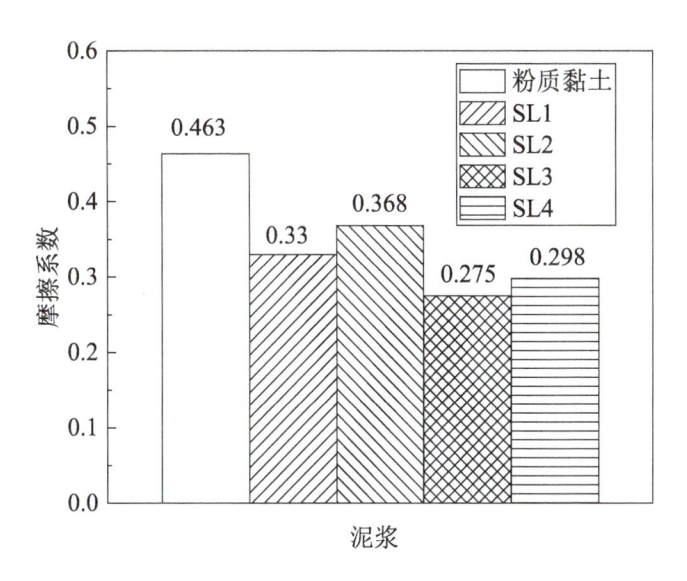

图 3-17　粉质黏土下不同泥浆摩擦系数图

根据试验结果分析，与未进行注浆处理的粉质黏土和水泥板的摩擦系数相比，触变泥浆可以有效降低二者之间的摩擦系数，当采用 SL1 泥浆减阻时，两者之间的摩擦系数比未注浆情况下的摩擦系数减小了 28.7%；当采用 SL2 泥浆减阻时，两者之间的摩擦系数比未注浆情况下的摩擦系数减小了 20.5%，表明随着膨润土含量的增加，泥浆的减阻效果也更加明显。当采用 SL3 泥浆减阻时，两者之间的摩擦系数减小了 40.6%；当采用 SL4 泥浆减阻时，两者之间的泥浆摩擦系数减小了 35.6%，表明聚丙烯酰胺的掺入对于泥浆减阻具有较好的作用。从五组试验可以看出，减阻效果最佳泥浆为 SL3。

根据试验数据，绘制粉质黏土地层在涂抹凡士林条件下水泥板拉力与不同荷载情况下水泥板重量的拉力-重量曲线，如图 3-18 所示。

通过对图 3-18 直线的斜率进行拟合计算，可以得出平均摩擦系数，如图 3-19 所示。

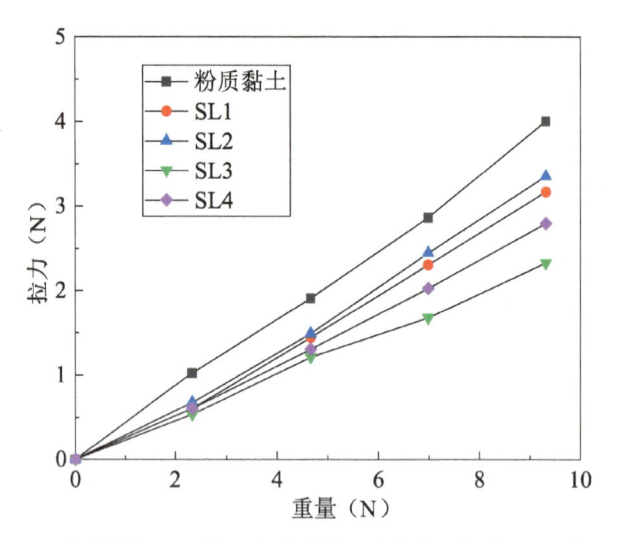

图 3-18　粉质黏土下不同泥浆对涂抹凡士林水泥板拉力-重量曲线图

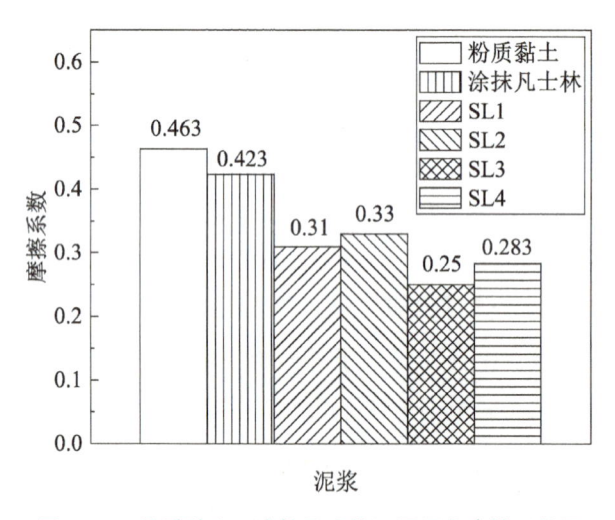

图 3-19　粉质黏土下涂抹凡士林不同泥浆摩擦系数图

在涂抹凡士林条件下，粉质黏土地层及四种配比下的触变泥浆的摩擦系数均有所下降，相比于未涂抹凡士林，涂抹凡士林后的摩擦系数分别降低了 8.6%、6.1%、10.3%、9.1%、5%，下降幅度较小，但表明涂抹凡士林能够起到一定的减阻效果，但效果不明显。从五组试验可以看出，减阻效果最佳泥浆为 SL3。

（2）风化闪长岩地层触变泥浆减阻试验

根据试验数据，绘制在风化闪长岩地层中水泥板拉力与不同荷载情况下水泥板重量的拉力-重量曲线，如图3-20所示。

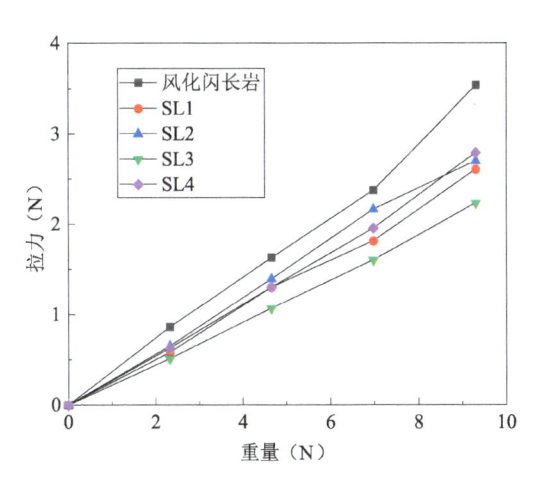

图3-20 风化闪长岩下不同泥浆水泥板拉力-重量曲线图

通过对图3-20直线的斜率进行拟合计算，可以得出平均摩擦系数，如图3-21所示。

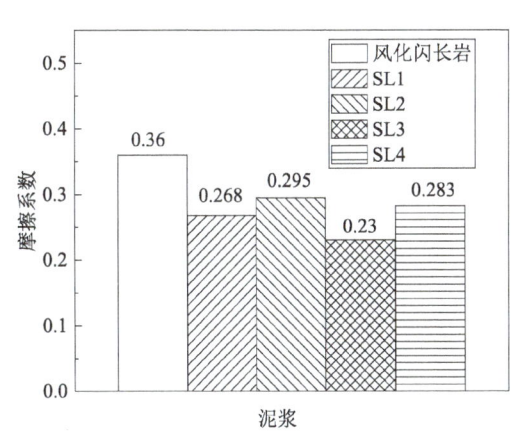

图3-21 风化闪长岩下不同泥浆摩擦系数图

根据试验结果分析，与未进行注浆处理的风化闪长岩和水泥板的摩擦系数相比，触变泥浆可以有效地降低二者之间的摩擦系数，当采用SL1泥浆减阻时，两者之间的摩擦系数比未注浆情况下的摩擦系数减小了25.6%；当采用

SL2 泥浆减阻时，两者之间的摩擦系数比未注浆情况下的摩擦系数减小了 18.1%。当采用 SL3 泥浆减阻时，两者之间的摩擦系数减小了 36.1%；当采用 SL4 泥浆减阻时，两者之间的摩擦系数减小了 21.4%。从五组试验可以看出，减阻效果最佳泥浆为 SL3。

根据试验数据，绘制风化闪长岩地层下涂抹凡士林条件下水泥板拉力与不同荷载情况下的拉力-重量曲线，如图 3-22 所示。

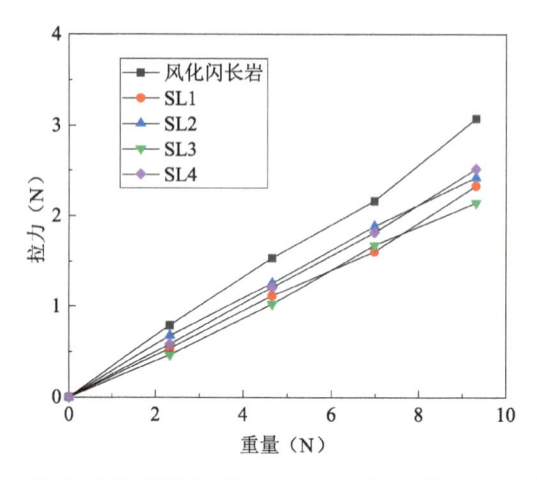

图 3-22 风化闪长岩下不同泥浆对涂抹凡士林水泥板拉力-重量曲线图

通过对图 3-22 直线的斜率进行拟合计算，可以得出平均摩擦系数，如图 3-23 所示。

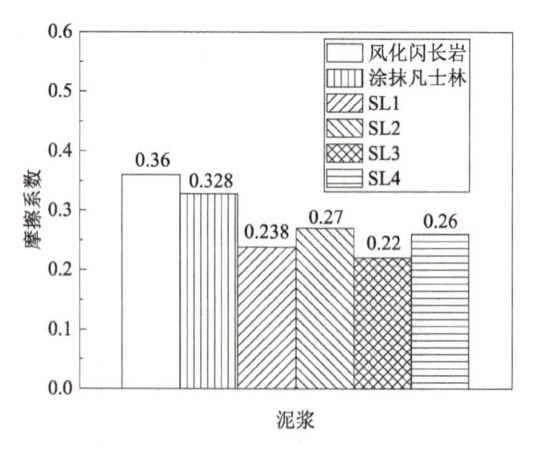

图 3-23 风化闪长岩下涂抹凡士林不同泥浆摩擦系数图

涂抹凡士林条件下，风化闪长岩地层及四种配比泥浆的摩擦系数均有所下降，相比于未涂抹凡士林，涂抹凡士林后的摩擦系数分别降低了 8.9%、11.2%、8.5%、4.3%、8.1%，下降幅度较小。从五组试验可以看出，减阻效果最佳泥浆为 SL3。

从以上两种地层的减阻试验可以看出，粉质黏土和风化闪长岩地层与水泥板之间的摩擦系数差异较大：当不进行泥浆减阻时，粉质黏土地层与水泥板之间的摩擦系数为 0.463，风化闪长岩地层与水泥板之间的摩擦系数为 0.36。当采用 SL3 泥浆进行减阻后，粉质黏土地层与水泥板之间的摩擦系数为 0.275，风化闪长岩地层与水泥板之间的摩擦系数为 0.23。因此，当顶管在粉质黏土地层施工时，应当重视泥浆减阻效果，采用添加聚丙烯酰胺的优质配比泥浆进行减阻，以降低顶进阻力、减小对周边环境的影响；当顶管在风化闪长岩地层施工时，如周边环境较好，可以选用膨水比 1∶10 纯膨润土泥浆进行减阻。

3.3 污水渗入对触变泥浆性能指标影响及减阻试验研究

3.3.1 污水渗入下对触变泥浆性能指标试验

针对 D 车站 1 号出入口顶管工程污水管破裂泄漏现象，对于城市污水的组成和主要成分开展研究分析。城市污水主要包括污水管道中的生活污水和工业污水，经现场调查，此次污水管泄漏中的污水是城市居民的生活污水，主要包括各种排泄物以及生活垃圾产生的污水。

生活污水中的成分可以分为有机和无机污染物。有机污染物主要包括蛋白质、脂肪、人工合成的纤维素、糖类等，其与泥浆一般不发生反应，且对于施工的影响相对较小，因此主要针对无机污染物开展研究。无机污染物主要为重金属、腐蚀性离子、无机盐等。无机污染物中的重金属属于有毒有害物质，在与土体混合后容易通过顶管机出土接触人体，同时渣土运输过程中经常发生掉土、滴水等情况，因此隧道内将会存在大量气体、污染土和污染水[73]，工人在污染环境中作业，身体健康难以保障。污染物中的腐蚀性离子长时间与混凝土接触，将会导致混凝土表面发生腐蚀，混凝土结构碳化作用加剧[74]，在氯离子（Cl⁻）的作用下，混凝土中的钢筋，管节连接处的螺栓更容易发生锈蚀，使得顶管管节的强度降低。污水中的无机盐在泄漏后沿地层渗入触变泥浆，其中无机盐离子可能会与触变泥浆发生反应，造成泥浆的劣化。

城市污水中的主要成分与当地人们的生活习惯、生活质量有很大的关系，同时不同时间、不同地域的污水组成成分也存在很大不同，具有明显的时间效应和地域差异[75]。由于本书仅研究污水泄漏对触变泥浆的影响，因此只研究污水中的无机盐离子对触变泥浆性能指标的影响。

通过对济南泄漏污水管的部分污水成分进行检测分析，得出其中部分污水成分检测值，见表 3-4。

表 3-4　泄漏污水部分成分检测值

成分	Na^+	SO_4^{2-}	Cl^-	K^+	Mg^{2+}	Fe	Cu	NH_4^+
浓度（mg/L）	51.2	4.5	75.7	16.2	10.2	2.41	0.11	36.2

根据检测结果显示，在污水中相对含量较高的无机盐离子为 Cl^-、Na^+、NH_4^+，其他离子例如 SO_4^{2-}、Mg^{2+} 等的相对含量较小。因此，实验室选取代表污水影响下的无机盐氯化铵、氯化钠作为研究对象，同时针对污水的时间及地域差异性，开展多种含量氯化铵、氯化钠影响下的触变泥浆性能指标试验。

将膨水比 1∶10、1∶12、1∶14 的三种纯膨润土泥浆分别掺入氯化铵、氯化钠，其质量比确定为 0.01%、0.1%、0.25%、0.5%，测定在这四种质量比条件下泥浆的五种重要的性能指标，试验结果见表 3-5、表 3-6。

表 3-5　不同氯化铵含量对泥浆性能的影响

膨水比	氯化铵含量（%）	密度（g/cm³）	黏度（s）	失水量（mL）	析水率（%）	pH 值
1∶10	0	1.06	129	13.2	0	9.45
1∶10	0.01	1.06	125	13	0	9.46
1∶10	0.1	1.06	124	17.4	0.5	9.32

续表

膨水比	氯化铵含量（%）	密　度（g/cm³）	黏　度（s）	失水量（mL）	析水率（%）	pH 值
1∶10	0.25	1.06	76	23.8	23	9.3
1∶10	0.5	1.06	40	>25	55	9.28
1∶12	0	1.05	73	14.1	0	9.42
1∶12	0.01	1.05	76	15.2	0.5	9.38
1∶12	0.1	1.05	68	22.8	2	9.3
1∶12	0.25	1.05	48	>25	28.5	9.27
1∶12	0.5	1.05	37	>25	57	9.28
1∶14	0	1.04	48	15.8	0.5	9.26
1∶14	0.01	1.04	56	17.7	0.5	9.35
1∶14	0.1	1.04	44	>25	3.5	9.3
1∶14	0.25	1.04	37	>25	30	9.29
1∶14	0.5	1.04	33	>25	58	9.29

表 3-6　不同氯化钠含量对泥浆性能的影响

膨水比	氯化钠含量（%）	密　度（g/cm³）	黏　度（s）	失水量（mL）	析水率（%）	pH 值
1∶10	0	1.06	129	13.2	0	9.45
1∶10	0.01	1.06	127	13.5	0	9.46
1∶10	0.1	1.06	115	15.2	0.5	9.43
1∶10	0.25	1.06	75	22.5	1	9.47
1∶10	0.5	1.06	45	>25	14.5	9.42
1∶12	0	1.05	73	14.1	0	9.42
1∶12	0.01	1.05	76	15.6	0	9.42
1∶12	0.1	1.05	81	21.9	1	9.44
1∶12	0.25	1.05	53	>25	17.3	9.42
1∶12	0.5	1.05	40	>25	26.2	9.39

续表

膨水比	氯化钠含量（%）	密 度（g/cm³）	黏 度（s）	失水量（mL）	析水率（%）	pH值
1∶14	0	1.04	48	15.8	0.5	9.26
1∶14	0.01	1.04	53	16.2	3	9.35
1∶14	0.1	1.04	48	23.8	13	9.34
1∶14	0.25	1.04	38	>25	20	9.37
1∶14	0.5	1.04	35	>25	28	9.35

从表3-5、表3-6可以看出，随着泥浆中氯化铵、氯化钠含量的增加，触变泥浆的pH值与密度变化较小，黏度大致呈下降趋势，失水量逐渐增加，同时膨润土含量越小，泥浆的失水量相对增加越多，表明污水中的无机盐离子与泥浆混合后，触变泥浆将发生劣化，泥浆对土体的渗透作用增强，泥浆向四周土体渗透速度加快。当氯化铵含量增加到0.25%时，膨水比1∶10、1∶12、1∶14触变泥浆的析水率出现了明显的变化，分别从0.5%、2%、3.5%突变到23%、28.5%、30%；当氯化铵含量增加到0.5%时，泥浆的析水率超过了50%，表明氯化铵含量对触变泥浆析水率的影响与泥浆自身膨水比关系相对较小。氯化钠的渗入对于泥浆析水率的影响比氯化铵小，氯化钠的含量增加到0.25%时，膨水比1∶10的泥浆析水率变化不大，但膨水比1∶12泥浆析水率发生突变，1∶14泥浆析水率呈逐渐增加的趋势，表明氯化钠含量对于触变泥浆析水率的影响与泥浆自身的膨水比有一定的关系，膨润土含量越高，氯化钠引起的析水率变化越小。总体来看，当污水中的无机盐离子含量较低时，污水的渗入主要导致泥浆发生物理稀释作用，析水率等指标变化相对较小；当污水中无机盐离子含量较高时，除了稀释作用以外，还将导致触变泥浆自身的性质发生变化，具体是黏度的降低、析水率与失水量的增加，析水率的增加使得泥浆失去稳定性。

由于污水中无机盐离子渗入触变泥浆对泥浆析水率的影响巨大，因此对泥浆的析水率指标开展进一步研究，测定泥浆的24小时析水率，研究污水泄漏后其中的无机盐离子对泥浆的24小时析水率，将有助于判别何时应停止注浆，避免对工程进度以及周边环境造成影响。不同含量氯化铵的24小时析水率测定结果如图 3-24、图 3-25 所示。

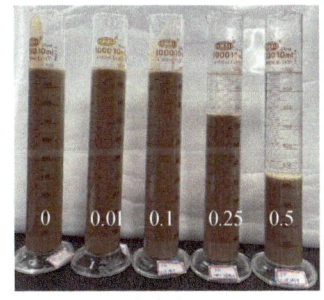

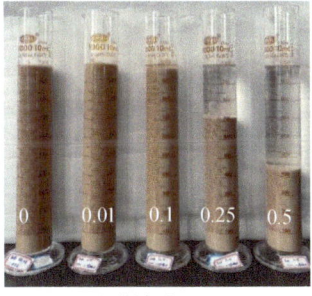

（a）膨水比 1∶10　　　　　　　（a）膨水比 1∶12　　　　　　　（a）膨水比 1∶14

图 3-24　氯化铵渗入后泥浆 24 小时析水率

注：图中数字为氯化铵含量（%）

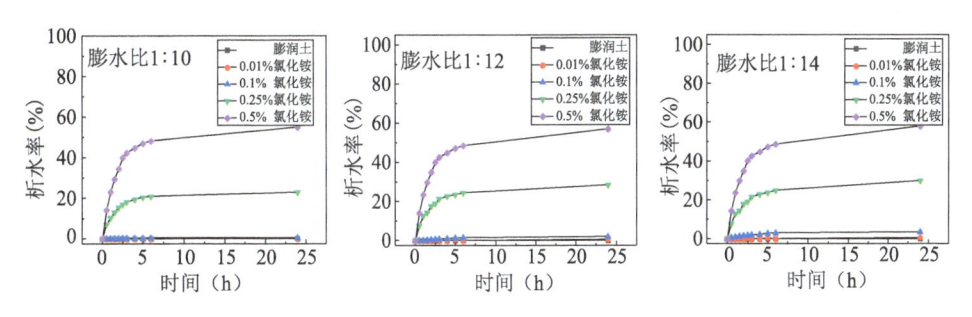

图 3-25　氯化铵渗入泥浆 24 小时析水率随时间变化图

从图中可以看出，在不同膨水比条件下，泥浆的 24 小时析水率大致规律相同，当氯化铵含量为 0.01%、0.1%，即含量较小时，触变泥浆总体保持稳定，析水率维持在 0 附近；当氯化铵含量为 0.25%、0.5%，即含量较多时，触变泥浆出现大幅度析水现象，沉淀物的体积逐渐减小，泥浆的稳定性逐渐下降。从触变泥浆的 24 小时析水率曲线可以看出，当氯化铵含量较多的污水与触变泥浆混合后，在最初的 6 小时泥浆的析水率变化量占 24 小时析水率变化量的 80% 以上，析水率曲线的斜率逐渐变小，表明泥浆的析水随着时间的增加逐渐减慢。

不同含量氯化钠的 24 h 析水率测定结果如图 3-26、图 3-27 所示。

从图中可以看出，在不同膨水比条件下，泥浆的 24 小时析水率存在一定的差异，析水率的多少与膨润土的含量有一定的关系。在膨水比 1∶10 下，即

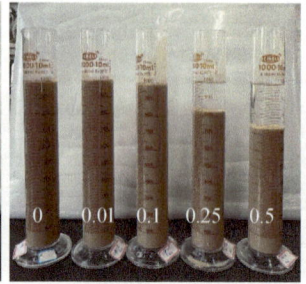

(a) 膨水比 1∶10　　　　　　(a) 膨水比 1∶12　　　　　　(a) 膨水比 1∶14

图 3-26　氯化钠渗入后泥浆 24 小时析水率

注：图中数字为氯化钠含量（%）

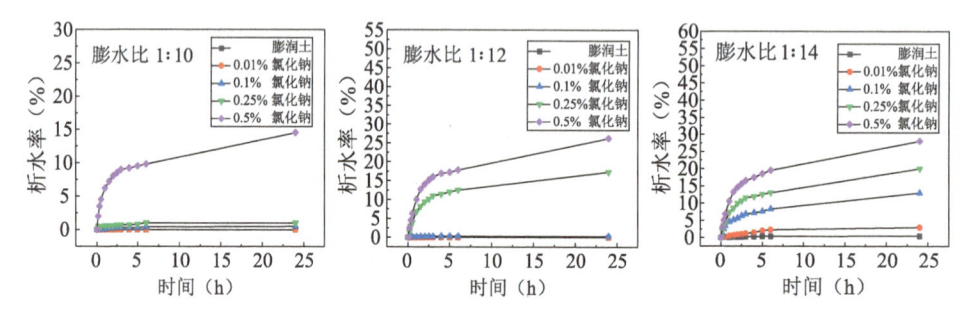

图 3-27　氯化钠渗入泥浆 24 小时析水率随时间变化图

膨润土含量较多时，氯化钠的含量增加至 0.5%，泥浆才开始析水；在膨水比 1∶14 下，即膨润土含量较少时，氯化钠的含量增加至 0.1%，泥浆就出现了明显的析水现象；而膨水比 1∶12 析水率则位于两者之间。根据泥浆的 24 小时析水率曲线，污水中氯化钠的渗入对泥浆析水率的影响与氯化铵大致相同，析水率迅速增加的时间均在渗入后的前 6 小时，而之后析水率的变化逐渐放缓。

从上述两种不同无机盐的泥浆析水率试验可以看出，氯化铵对于触变泥浆析水率的影响与泥浆自身的膨水比关系不大，且只有当氯化铵含量较高时才会使泥浆出现明显的析水现象；氯化钠对于触变泥浆析水率的影响与泥浆自身膨水比存在较大的关系，膨润土含量越高，在氯化钠含量相同时，泥浆析水率越少，且当膨润土含量较低时，少量的氯化钠也会使得泥浆出现析水现象。针对污水中无机盐离子对泥浆析水率的影响较大，开展触变泥浆的颗粒粒径分析以及ζ电位测定试验。

当氯化铵、氯化钠含量为0.01%时，对泥浆的析水率基本未产生影响，因此泥浆的颗粒粒径及ζ电位测定只测定其余三种无机盐含量的泥浆，同时只选取一种膨水比（1∶12）的泥浆开展测定，测定结果如图3-28所示。

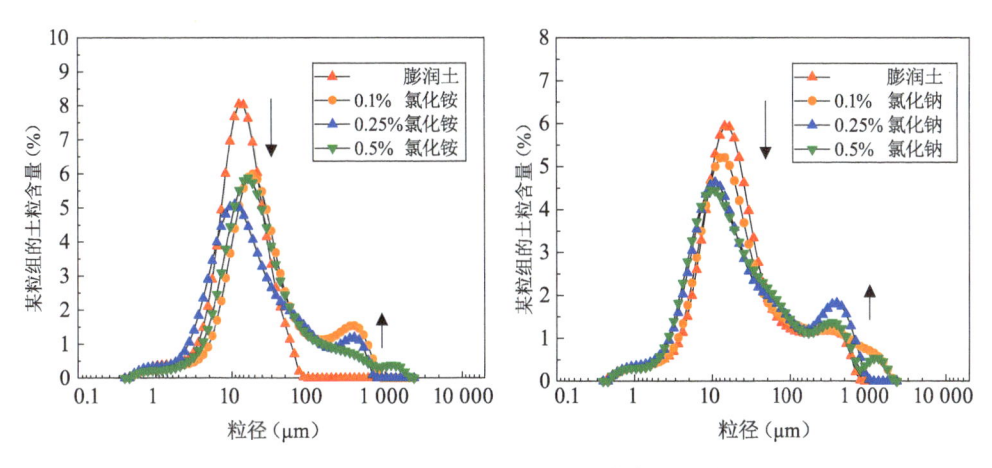

图3-28　不同无机盐渗入下的泥浆颗粒粒径分布曲线

从图3-28中可以看出，无机盐离子的渗入使得触变泥浆中的大粒径土颗粒含量明显增加。两种渗入无机盐离子的泥浆在100～1 000 μm的粒径范围内出现了小型的波峰，且高于纯膨润土泥浆的这段曲线，同时在10 μm粒径附近的土颗粒含量减小。无机盐离子含量越高，泥浆中的大粒径土颗粒越多，例如当氯化铵含量为0.5%时，泥浆出现大于1 000 μm的土颗粒，表明无机盐离子的渗入使得原有泥浆中土颗粒出现了团聚，更易产生沉淀，且含量越高，沉淀越多，这与析水率曲线（图3-24、图3-26）结果一致。

开展无机盐离子影响下的泥浆ζ电位测定，ζ电位值作为颗粒上净电荷的一种间接度量指标，同时也起到衡量泥浆稳定性的作用，反映了泥浆颗粒间排斥或吸引的能力，ζ电位绝对值越大，泥浆稳定性越好，测定结果如图3-29所示。

可以看出，氯化铵、氯化钠的添加使得泥浆的ζ电位值（绝对值）呈降低趋势。泥浆ζ电位值大于30 mV时，泥浆稳定性较好，不易出现析水等现象。试验中纯膨润土泥浆的ζ电位为31 mV，泥浆体系较为均匀稳定。污水无机盐

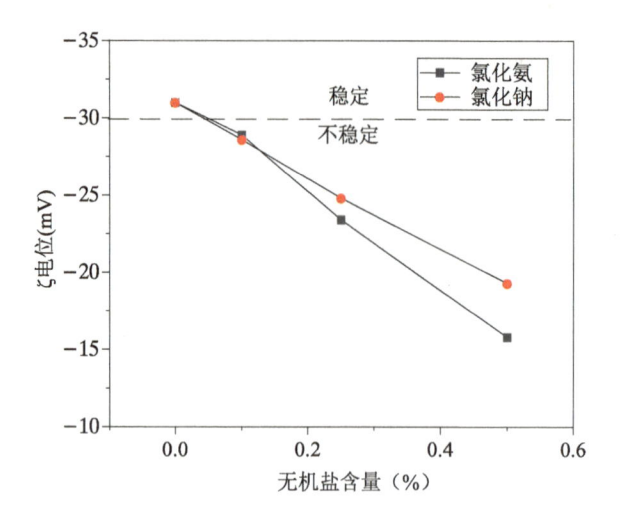

图 3-29　不同无机盐含量下泥浆 ζ 电位变化曲线

离子渗入的泥浆 ζ 电位值均小于 30 mV，且随着无机盐含量的增加逐渐降低，无机盐含量为 0.1% 时，ζ 电位值下降较小，基本位于稳定、不稳定分界线附近，无机盐含量为 0.5% 时，两种泥浆的 ζ 电位值分别降为 15.8 mV、19.3 mV。其中氯化铵渗入的泥浆 ζ 电位在相同含量下比氯化钠的更小，这也与 24 小时析水率试验一致。根据试验结果分析，无机盐离子中的阳离子与泥浆中土颗粒所带的负电荷相互吸引，使得土颗粒所带的电荷量降低，相邻土颗粒之间的排斥作用减小、吸引作用增加，土颗粒相互吸引聚集，导致宏观上触变泥浆出现析水沉淀现象，无法形成稳定的分散体系。ζ 电位试验结果解释了污水中无机盐渗入泥浆导致析水率增加的原因。

3.3.2　污水渗入下触变泥浆减阻试验

采用减阻装置开展污水中无机盐离子渗入下的触变泥浆减阻试验，地层采用粉质黏土与风化闪长岩地层，分别将浓度为 0.01%、0.1%、0.25%、0.5% 的氯化铵与膨水比 1∶10 的泥浆混合膨化后依次标记为 SL5、SL6、SL7、SL8，将这四种含量的氯化钠与膨水比 1∶10 的泥浆混合膨化后依次标记为 SL9、SL10、SL11、SL12，共计试验 16 组，同时将试验得到的结果与纯膨润土泥浆 SL1（膨水比 1∶10）减阻结果进行对比，分析污水中无机盐离子渗入泥浆对触变泥浆减阻效果产生的影响。

(1) 粉质黏土地层污水无机盐离子影响下触变泥浆减阻试验

根据减阻试验得到的数据，绘制粉质黏土地层无机盐离子渗入泥浆后水泥板拉力与不同荷载情况下水泥板重量的拉力-重量曲线，如图 3-30 所示。

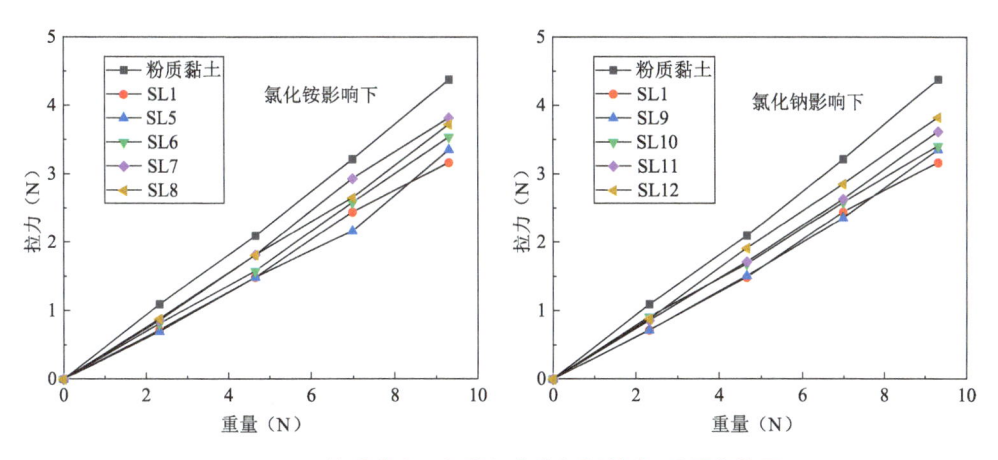

图 3-30　粉质黏土无机盐泥浆水泥板拉力-重量曲线图

通过对图 3-30 中直线的斜率进行拟合计算，可以得出平均摩擦系数，如图 3-31 所示。

从图中可以看出，在粉质黏土地层中，当污水中氯化铵含量为 0.01%、0.1%时，水泥板与泥浆的摩擦系数增加较小，增加了 5.5%、6.1%，但当氯化铵含量为 0.25%、0.5%时，二者之间的摩擦系数大幅度增加，增加了 16.7%、19.1%。当污水中氯化钠含量为 0.01%、0.1%时，水泥板与泥浆的摩擦系数增加了 6.7%、9.1%，但当氯化钠含量为 0.25%、0.5%时，二者之间的摩擦系数增加了 12.4%、19.7%。当无机盐含量较小时，渗入氯化铵的泥浆摩擦系数增加值小于渗入氯化钠的泥浆，表明粉质黏土地层在低浓度无机盐泥浆下，氯化钠对减阻效果影响更大。当无机盐含量较高时，渗入氯化铵的泥浆摩擦系数增加值大于渗入氯化钠的泥浆，表明粉质黏土地层在高浓度无机盐泥浆下，氯化铵对减阻效果影响更大。水泥板与泥浆的摩擦系数在氯化铵含量增加的过程中发生了突变，但在氯化钠含量增加的过程中相对平稳。

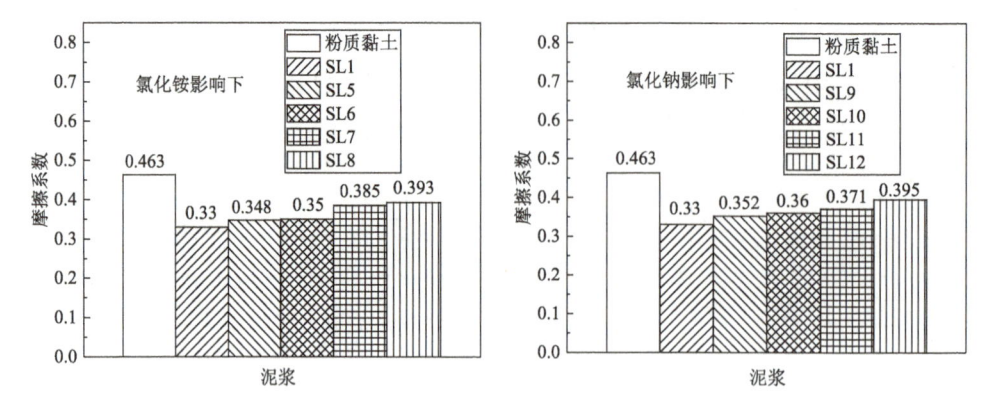

图 3-31 粉质黏土无机盐泥浆摩擦系数图

（2）风化闪长岩地层污水无机盐离子影响下触变泥浆减阻试验

根据减阻试验得到的数据，绘制风化闪长岩地层无机盐离子渗入泥浆后水泥板拉力与不同荷载情况下水泥板重量的拉力-重量曲线，如图 3-32 所示。

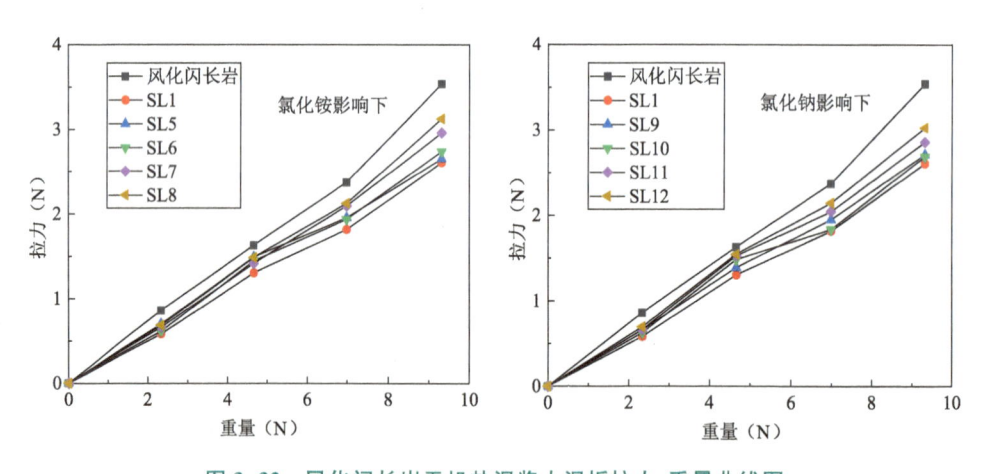

图 3-32 风化闪长岩无机盐泥浆水泥板拉力-重量曲线图

通过对图 3-32 中直线的斜率进行拟合计算，可以得出平均摩擦系数，如图 3-33 所示。

从图中可以看出，在风化闪长岩地层中，当污水中氯化铵含量为 0.01%、0.1% 时，水泥板与泥浆的摩擦系数增加了 4.5%、1.9%，但当氯化铵含量为

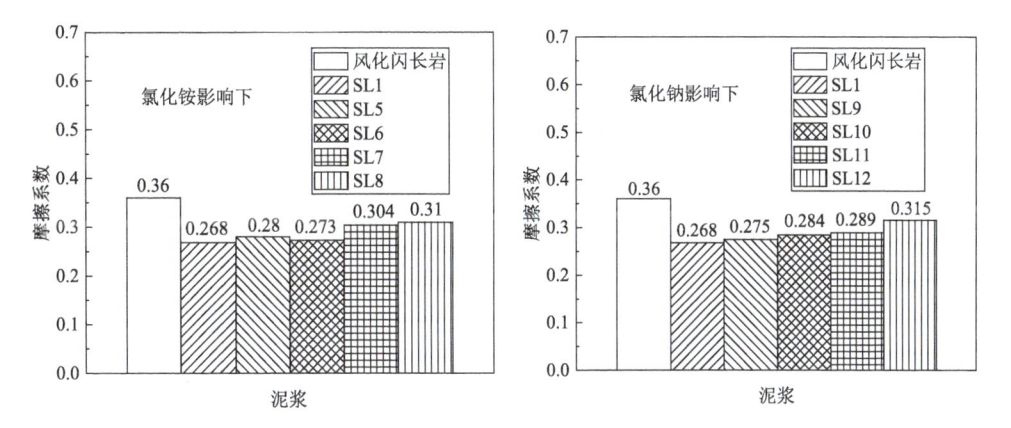

图 3-33　风化闪长岩无机盐泥浆摩擦系数图

0.25%、0.5%时，二者之间的摩擦系数增加了13.4%、15.7%。当污水中氯化钠含量为0.01%、0.1%时，水泥板与泥浆的摩擦系数增加了2.6%、6%，当氯化钠含量为0.25%、0.5%时，二者之间的摩擦系数增加了7.8%、17.5%。当无机盐含量较小时，渗入氯化铵和氯化钠的泥浆摩擦系数增加值相差不大。当无机盐含量较高时，渗入氯化铵的泥浆摩擦系数相对增加较大，渗入氯化钠的泥浆摩擦系数增加则相对平稳。

结合上述两种地层中的污水无机盐离子影响下的泥浆减阻试验结果，氯化铵在粉质黏土地层中对于触变泥浆减阻效果的影响大于在风化闪长岩地层，并且当氯化铵含量达到0.25%时，两种地层的摩擦系数增加值都产生突变；氯化钠在两种地层中对泥浆减阻的影响差异较小，并且随着其含量的增加，两种地层的摩擦系数增加值平稳增加。与纯膨润土泥浆的减阻摩擦系数相比，污水中无机盐离子渗入泥浆使得水泥板与触变泥浆的摩擦系数增加，增加的幅度与无机盐离子的浓度呈正相关，这表明无机盐离子的渗入降低了在两种地层中触变泥浆的减阻效果。结合之前污水中无机盐含量对触变泥浆性能试验的结果，污水中无机盐离子的含量越高，将使触变泥浆的漏斗黏度降低，析水率、失水量逐渐增加，导致泥浆稳定性降低的同时渗透失水能力增加，泥浆自身性质发生劣化，进而导致泥浆的减阻效果降低。

针对污水管泄漏对施工的影响，应当采取有效措施预防事故的发生。顶管工程施工前，应对顶管穿越处的污水管线进行探测、评估，探明污水管标高、尺寸、结构形式、是否有内压、渗漏点位置、渗漏流量大小、结构状态及服役性能情况。在施工前展开施工勘察，对污水管类型及污水成分、污水管渗漏区水文、地质特点进行相应的分析。对污水管渗漏区污染土的强度、腐蚀等级进行相应的评价。为减小顶管施工对既有污水管的影响，防止顶管掘进引起污水管的二次损害，可采取相关措施对渗漏污水管进行修补、堵漏，对污水管周围地层进行预先注浆加固。条件允许时，可在顶管实施期间对污水管临时截流，在顶管施工完成之后，确认污水管结构性能完好的条件下启动排污。

3.4 触变泥浆现场实施效果分析

顶管工程顶进的摩阻力主要由两部分组成，工作面的迎面阻力以及管道四周外壁与土体摩擦产生的摩擦阻力。摩阻力的大小与很多因素有关，主要有管道的尺寸，即管道的尺寸是圆形或者矩形，尺寸越大对应的管壁接触面积越多，摩阻力越大；管道的长度，即管道的长度越长，摩阻力越大；管道的埋深，即管道的埋深越深，对应的土压力越大，迎面阻力越大；土层的参数，即穿越地层为黏土或者砂土，不同地层土之间差异较大；管壁周围的粗糙程度，即管节的材质，混凝土材质与钢结构材质存在较大差异，同时长距离顶管施工可以通过涂蜡降低管壁的粗糙程度；触变泥浆的自身性能优劣；等等。

顶管工程的顶推力主要由顶管机设备自身提供，济南市 A 车站 1 号出入口采用土压平衡矩形顶管机，主要由切削搅拌系统、动力系统、纠偏及液压系统等组成。顶推力主要由油缸提供，如图 3-34 所示，通过油缸作用在 U 型顶铁上，U 型顶铁与混凝土管节相连，使得顶推力作用在顶管机与管节上。顶管机油缸数量为 16 台，分别对称排布在两侧，单个油缸的推力为 200 吨，在施工过程中，通过调整油缸的数量调整顶推力。

图 3-34 现场顶推系统

3.4.1 触变泥浆减阻过程顶管顶推力计算分析

将实验室减阻试验中减阻效果最好的触变泥浆 SL3 应用于顶管施工,如图 3-35 所示。并进行现场实际跟踪调研,取得现场的施工数据,将施工数据中得到的顶推力与理论计算得出的顶推力进行对比,同时计算未使用触变泥浆时的顶推力,判断触变泥浆在实际施工中的减阻效果。

图 3-35 现场拌浆池

顶管顶推力计算公式：

$$F = F_0 + f_0 \cdot L \tag{3.1}$$

其中：F 为顶推力；F_0 为初始推力；f_0 为每米管节与土层之间的综合摩擦阻力；L 为管节的总长度。

$$F_0 = S \cdot (P_0 + P_w) \tag{3.2}$$

其中：S 为顶管机机头截面积；P_0 为机头底部以上 1/3 高度处的静止土压力；P_w 为地下水压力。

$$P_0 = K_0 \cdot \gamma (H + 2H_1/3) \tag{3.3}$$

其中：在砂性土中 $K_0 = [0.25, 0.33]$，在黏土中 $K_0 = [0.33, 0.7]$；γ 为土的容重；H 为顶管覆土层厚度；H_1 为顶管机高度。

$$f_0 = R \cdot S + W \cdot f \tag{3.4}$$

其中：R 为综合摩擦阻力；S 为管外周长；W 为每米管节的重力；f 为管节在土中的摩擦系数。

将实际数据代入上述公式，顶管机机头截面积 $S = 4.92 \times 6.92 \approx 34.0$ m²，K_0 在粉质黏土地层中取 0.44，土的容重 γ 为 20 kN/m³，覆土层厚度 H 为 6 m，顶管机高度 H_1 为 4.92 m，综合摩擦阻力 R 取 8 kPa，管外周长 $S = 2 \times (6.9 + 4.9) = 23.6$ m，每米管节的重力 W 为 392 kN/m。

机头底部以上 1/3 高度处的静止土压力为：

$$P_0 = 0.44 \times 20 \times (6 + 2 \times 4.92/3) \approx 81.7 \text{ kN/m}^2 \tag{3.5}$$

顶管的初始推力为：

$$F_0 = 34 \times [81.7 + 1 \times 9.8 \times (6 + 2 \times 4.92/3)] \approx 5869.9 \text{ kN} \tag{3.6}$$

在粉质黏土地层使用触变泥浆减阻的摩擦系数 f 根据试验数据取最小值 0.275，未使用泥浆减阻的 f 取 0.463，采用凡士林涂抹水泥板后的 f 取 0.25。

管节总长度为 69 m。

采用触变泥浆减阻后得出：

$$f_0 = 8 \times 23.6 + 392 \times 0.275 = 296.6 \text{ kN/m} \tag{3.7}$$

$$F = 5\,869.9 + 296.6 \times 69 = 26\,335.3 \text{ kN} \tag{3.8}$$

未采用泥浆减阻后得出：

$$f_0 = 8 \times 23.6 + 392 \times 0.463 \approx 370.3 \text{ kN/m} \tag{3.9}$$

$$F = 5\,869.9 + 370.3 \times 69 = 31\,420.6 \text{ kN} \tag{3.10}$$

采用凡士林涂抹后得出：

$$f_0 = 8 \times 23.6 + 392 \times 0.25 = 286.8 \text{ kN/m} \tag{3.11}$$

$$F = 5\,869.9 + 286.8 \times 69 = 25\,659.1 \text{ kN} \tag{3.12}$$

由于 A 车站 1 号出入口顶管粉质黏土地层占 4/5，因此以粉质黏土地层计算的顶推力为依托，理论计算得出的顶推力数值为 2.63×10^4 kN，顶管施工现场在顶管贯通时采用 14 台纠偏油缸，顶推力实际数值为 2.65×10^4 kN，经过对比可以看出，理论计算所得到的顶推力数值与实际施工中的顶推力差异不大，因此理论公式具有一定的可靠性。

在粉质黏土地层中，当未采用泥浆减阻时，得出的顶推力为 3.14×10^4 kN，表明触变泥浆在顶管施工中可以有效降低顶推力，减少了约 16.2%，当顶管涂凡士林后，得出顶推力为 2.57×10^4 kN，与未涂凡士林相比，减少了 2.6%。

在风化闪长岩地层中考虑到顶推力计算中初始顶推力为固定值，因此沿用粉质黏土初始顶推力进行计算，主要开展减阻效果的研究。使用触变泥浆减阻的摩擦系数 f 根据试验数据取最小值 0.23，未使用泥浆减阻的 f 取 0.36，采用凡士林涂抹水泥板后的 f 取 0.22。

采用触变泥浆减阻后得出：

$$f_0 = 8 \times 23.6 + 392 \times 0.23 \approx 279.0 \text{ kN/m} \tag{3.13}$$

$$F = 5\,869.9 + 279 \times 69 = 25\,120.9 \text{ kN} \tag{3.14}$$

未采用泥浆减阻后得出：

$$f_0 = 8 \times 23.6 + 392 \times 0.36 \approx 329.9 \text{ kN/m} \tag{3.15}$$

$$F = 5\,869.9 + 329.9 \times 69 = 28\,633 \text{ kN} \tag{3.16}$$

采用凡士林涂抹后得出：

$$f_0 = 8 \times 23.6 + 392 \times 0.22 \approx 275.0 \text{ kN/m} \tag{3.17}$$

$$F = 5\,869.9 + 275 \times 69 = 24\,844.9 \text{ kN} \tag{3.18}$$

在风化闪长岩地层中，当未采用泥浆减阻时，得出的顶推力为 2.86×10^4 kN，泥浆减阻后减少了约 12.3%，当顶管涂凡士林后，得出顶推力为 2.48×10^4 kN，与未涂凡士林相比，减少了 1.1%。

考虑到济南轨道交通 2 号线四个车站出入口顶管工程长度最长仅 69 m，因此施工中采用触变泥浆减阻后的顶推力变化较小。当在相同粉质黏土地层、相同工况下顶管施工的距离较长时，不考虑采用中继间仅考虑一次性顶进，例如当施工距离为 200 m 时，根据公式计算泥浆减阻时的顶推力为 6.3×10^4 kN，未采用泥浆减阻的顶推力为 8×10^4 kN，前者比后者减小了 21.3%；当施工距离为 400 m 时，采用泥浆减阻时的顶推力为 1.2×10^5 kN，未采用触变泥浆减阻的顶推力为 1.54×10^5 kN，前者比后者减小了 22.1%。

3.4.2 污水渗入触变泥浆情况下顶管顶推力计算分析

由 3.3 节可知，当污水泄漏后，泥浆发生稀释同时析水率增加。由于 D 车站 1 号出入口污水管泄漏未收集到现场施工数据，因此采用实验得出的摩擦系数计算污水中无机盐离子渗入泥浆时的顶管顶推力，将数据结合 A 车站 1 号出入口工况，进行顶推力的测定。

在粉质黏土地层中，污水中氯化铵、氯化钠渗入泥浆的 f 分别取 0.393、0.395。

污水氯化铵渗入泥浆后得出：

$$f_0 = 8 \times 23.6 + 392 \times 0.393 \approx 342.9 \text{ kN/m} \tag{3.19}$$

$$F = 5\,869.9 + 342.9 \times 69 = 29\,530 \text{ kN} \tag{3.20}$$

污水氯化钠渗入泥浆后得出：

$$f_0 = 8 \times 23.6 + 392 \times 0.395 \approx 343.6 \text{ kN/m} \tag{3.21}$$

$$F = 5\ 869.9 + 343.6 \times 69 = 29\ 578.3 \text{ kN} \quad (3.22)$$

粉质黏土地层中，当污水氯化铵、氯化钠渗入泥浆后得出的顶推力数值分别为 2.95×10^4 kN、2.96×10^4 kN，较实际顶推力增大了约 11.3%、11.7%。

在风化闪长岩地层中，污水中氯化铵、氯化钠渗入泥浆的 f 分别取 0.31、0.315。

污水氯化铵渗入泥浆后得出：

$$f_0 = 8 \times 23.6 + 392 \times 0.31 \approx 310.3 \text{ kN/m} \quad (3.23)$$

$$F = 5\ 869.9 + 310.3 \times 69 = 27\ 280.6 \text{ kN} \quad (3.24)$$

污水氯化钠渗入泥浆后得出：

$$f_0 = 8 \times 23.6 + 392 \times 0.315 \approx 312.3 \text{ kN/m} \quad (3.25)$$

$$F = 5\ 869.9 + 312.3 \times 69 = 27\ 418.6 \text{ kN} \quad (3.26)$$

风化闪长岩地层中，当污水氯化铵、氯化钠渗入泥浆后得出的顶推力数值为 2.73×10^4 kN、2.74×10^4 kN，较计算顶推力增大了约 8.6%、9.1%。综上，顶管顶推力计算结果如表 3-7 所示。

表 3-7 不同条件下的顶管顶推力计算结果

地层	实际顶推力(kN)	未减阻顶推力(kN)	泥浆减阻(kN)	下降百分比	涂蜡后(kN)	下降百分比	氯化铵渗入(kN)	增加百分比	氯化钠渗入(kN)	增加百分比
粉质黏土	26 500	31 420.6	26 335.3	16.2%	25 659.1	2.6%	29 530	11.3%	29 578.3	11.7%
风化闪长岩	26 500	28 633	25 120.9	12.3%	24 844.9	1.1%	27 280.6	8.6%	27 418.6	9.1%

因此，研究触变泥浆性能及减阻效果对于实际施工来说有着重要意义。顶管的施工距离越长，采用触变泥浆进行减阻的效果也越好。因为触变泥浆作用在顶管管节四周，能够有效填补管节与土体之间的空隙，在注浆压力作用下渗入土体形成泥浆套，将管节包裹在其中，将管土干摩擦转变为湿摩擦，顶进距离越长，总摩阻力中管道与土体摩擦产生的摩阻力减少的幅度越大，在迎面阻力不变的情况下，总摩阻力减少，进而使得顶推力减小，有助于顶管施工的安全开展。

3.5 矩形顶管考虑泥浆触变特性的顶推力计算

3.5.1 顶推力理论研究

顶推力计算相关研究参考孙阳等[76] 顶管顶进过程中的顶推力，需要克服顶管机掌子面的迎面阻力和顶管周围的摩擦力，如图 3-36 所示，并考虑顶管顶进过程中的偏差系数，因此，计算公式可以写成：

$$P = P_f + P_F \tag{3.27}$$

式中：P 为顶推力；P_f 为管壁周围摩阻力；P_F 为顶管机的迎面阻力。

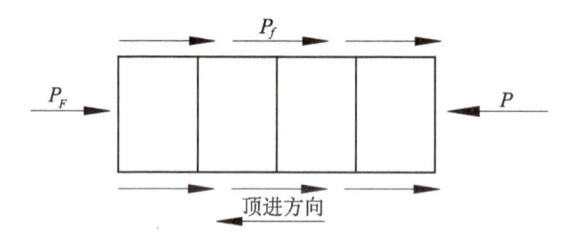

图 3-36 顶进过程中管节受力示意图

分析顶管顶推力计算公式可知，顶管的顶推力主要由顶管机的迎面阻力和顶管管壁摩阻力两部分组成。顶管机的迎面阻力主要由对应顶深下的土压力引起，当土层的参数稳定、顶深一定时，顶管机的迎面阻力往往是一个定值，不同规范对顶管机的迎面阻力已经作出了相应规定，因此，想要确定顶推力就要首先对顶管管壁的摩阻力进行深入探讨。

3.5.2 顶推力计算公式推导

(1) 基本假定

有学者等认为，一般液体的压缩系数很小，在相当大的压强变化范围内，密度几乎不变，一般的平衡和运动问题，都按不可压缩流体进行理论分析。若施工过程中形成的泥浆套较为完整，泥浆套中的泥浆与外界土体将不发生物质交换。矩形顶管以平均速率U匀速顶进，顶管周围与土层间的泥浆近似在两个平板间运动，泥浆的运动状态符合黏性流体力学平板模型理论。基于上述分析，现对矩形顶管顶推力的计算进行如下假定：

① 管周填充的泥浆均匀填满整个孔隙，泥浆各处均质、密度不变，且不与外界发生物质交换。

② 顶管机以速率U匀速工作，泥浆运动状态和顶进过程中的运动状态保持一致，即靠近顶管管壁周围的泥浆运动速率等于U，与土层接触处的泥浆运动速率为0。

③ 泥浆的运动速率与x方向无关，仅为直角坐标系y和z方向的函数。

（2）摩阻力计算

矩形顶管止推过程中的各项参数如图3-37和图3-38所示，顶管顶进过程中的平均速率为U，顶管机机头半高度为A'、半宽度为B'，顶管机机头与后续管节的施工间隙为h_0和h'_0，顶管中轴线到顶管上壁的距离为a、到顶管右壁的距离为b，顶管中轴线到泥浆套上边缘的距离为A、到泥浆套右边缘的距离为B，泥浆套的平均厚度为h和h'。

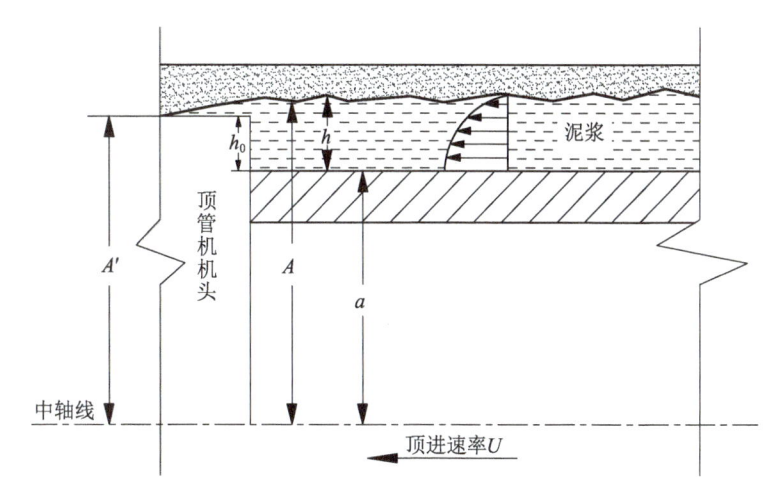

图3-37 顶管参数示意图1

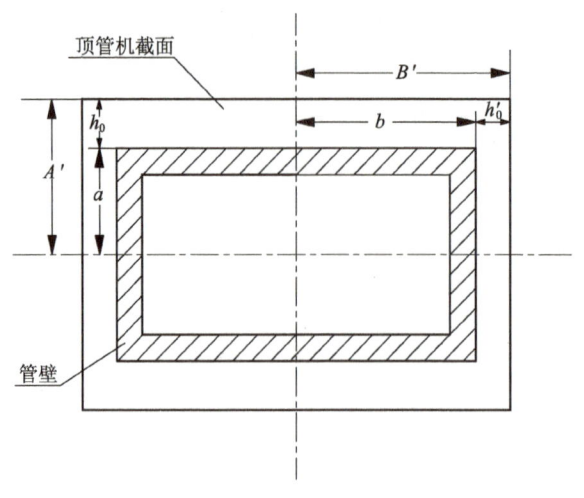

图 3-38　顶管参数示意图 2

坐标系如图 3-39 所示，坐标系中心取顶管截面的中心，沿顶管中轴线为 x 轴，垂直于泥浆套方向为 y 轴，平行于泥浆套为 z 轴。

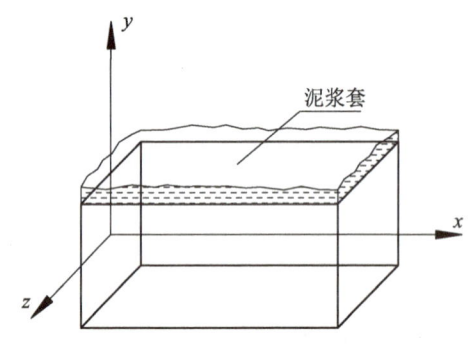

图 3-39　顶管坐标系示意图

根据黏性不可压缩流体服从的动力学规律，泥浆套任意一点的运动状态符合纳维-斯托克斯方程，具体方程如下：

$$\begin{cases} \dfrac{\partial u}{\partial t}+u\dfrac{\partial u}{\partial x}+v\dfrac{\partial u}{\partial y}+w\dfrac{\partial u}{\partial z}=X-\dfrac{1}{\rho}\dfrac{\partial p}{\partial x}+v\left(\dfrac{\partial^2 u}{\partial x^2}+\dfrac{\partial^2 u}{\partial y^2}+\dfrac{\partial^2 u}{\partial z^2}\right) \\ \dfrac{\partial v}{\partial t}+u\dfrac{\partial v}{\partial x}+v\dfrac{\partial v}{\partial y}+w\dfrac{\partial v}{\partial z}=Y-\dfrac{1}{\rho}\dfrac{\partial p}{\partial y}+v\left(\dfrac{\partial^2 v}{\partial x^2}+\dfrac{\partial^2 v}{\partial y^2}+\dfrac{\partial^2 v}{\partial z^2}\right) \\ \dfrac{\partial w}{\partial t}+u\dfrac{\partial w}{\partial x}+v\dfrac{\partial w}{\partial y}+w\dfrac{\partial w}{\partial z}=Z-\dfrac{1}{\rho}\dfrac{\partial p}{\partial z}+v\left(\dfrac{\partial^2 w}{\partial x^2}+\dfrac{\partial^2 w}{\partial y^2}+\dfrac{\partial^2 w}{\partial z^2}\right) \end{cases} \quad (3.28)$$

式中：X、Y、Z 为单位质量流体的体力分量；μ 为动力黏性系数；p 为泥浆压力；ρ 为泥浆密度。

由假定③可知，泥浆套任意一点的运动速率 (u, v, w) 可以表示为：

$$\begin{cases} u = u(y, z) \\ v = 0 \\ w = 0 \end{cases} \tag{3.29}$$

由①可知，泥浆均匀填满整个孔隙且泥浆各处均质，符合连续性方程：

$$\frac{\partial u}{\partial x} + \frac{\partial v}{\partial y} + \frac{\partial w}{\partial z} = 0 \tag{3.30}$$

将式 (3.28) 代入式 (3.27)，并利用连续性方程式 (3.30) 推导，得到如下结果：

$$\begin{cases} 0 = -\dfrac{1}{\rho} \dfrac{\partial p}{\partial x} + v \left(\dfrac{\partial^2 u}{\partial y^2} + \dfrac{\partial^2 u}{\partial z^2} \right) \\ 0 = -\dfrac{1}{\rho} \dfrac{\partial p}{\partial y} \\ 0 = -\dfrac{1}{\rho} \dfrac{\partial p}{\partial z} \\ \dfrac{\partial u}{\partial x} = 0 \end{cases} \tag{3.31}$$

由式 (3.31) 中间 2 个方程可知，p 只是与 x 有关的函数，即：

$$p = p(x) \tag{3.32}$$

将式 (3.32) 代入式 (3.31) 中的第一个方程，并由 $u = u(y, z)$、$v = \mu/\rho$ 可得：

$$\frac{\mathrm{d}p}{\mathrm{d}x} = \mu \left(\frac{\partial^2 u}{\partial y^2} + \frac{\partial^2 u}{\partial z^2} \right) \tag{3.33}$$

由式 (3.33) 可知，左边为 x 的函数，右边为 y 和 z 的函数，两边的函数等于同一常数 K，则 (3.33) 式可以拆写为：

$$\begin{cases} \dfrac{\mathrm{d}p}{\mathrm{d}x}=K \\ \mu\left(\dfrac{\partial^2 u}{\partial y^2}+\dfrac{\partial^2 u}{\partial z^2}\right)=K \end{cases} \tag{3.34}$$

由式（3.34）中第一个方程可知，K 的物理意义为泥浆沿 x 方向的单位长度压强降，与顶管的设计顶进线路的坡度有关。结合矩形顶管的对称性继续对式（3.34）中的第二个方程分情况进行讨论：

（1）上方（下方）矩形顶管剪应力

由于假定①泥浆的均匀性，y 轴同一高度的泥浆对应的速度可视为相同，即矩形顶管上方（下方）的速度与 z 方向无关，泥浆任意一点的运动速率可以进一步简化为 $u=u(y)$，将其代入式（3.34）第二个方程，得：

$$\dfrac{\mathrm{d}^2 u}{\mathrm{d}y^2}=\dfrac{K}{\mu} \tag{3.35}$$

观察式（3.35），该式为二阶常系数线性微分方程，求得其通解为：

$$u=\dfrac{Ky^2}{2\mu}+Cy+D \tag{3.36}$$

式中存在 C、D 两个未知量，需要联立方程组求其通解。根据黏性流体力学平板模型理论，式（3.36）满足如下边界条件：

$$\begin{cases} y=a \text{ 时}, u=U \\ y=A \text{ 时}, u=0 \end{cases} \tag{3.37}$$

将式（3.37）代入式（3.36），联立方程组得：

$$\begin{cases} U=\dfrac{Ka^2}{2\mu}+Ca+D \\ 0=\dfrac{KA^2}{2\mu}+CA+D \end{cases} \tag{3.38}$$

通过求解式（3.38）可得速度分布函数为：

$$u = \frac{Ky^2}{2\mu} + \left[\frac{2\mu U - K(a^2 - A^2)}{2\mu(a-A)}\right]y + \frac{KAa(a-A) - 2\mu UA}{2\mu(a-A)} \quad (3.39)$$

根据牛顿黏性定律，顶管上方流体所受的剪应力 τ_w 为：

$$\tau_w = (\tau)_{y=a} = \left(\mu \frac{\mathrm{d}u}{\mathrm{d}y}\right)_{y=a} = \frac{K(a-A)}{2} + \frac{\mu U}{a-A} \quad (3.40)$$

根据牛顿第三定律，上方顶管所受的剪应力和顶管上方流体所受的剪应力大小相等，方向相反，得：

$$\tau_{上} = -\tau_w = \frac{K(A-a)}{2} + \frac{\mu U}{A-a} = \frac{Kh}{2} + \frac{\mu U}{h} \quad (3.41)$$

（2）左侧（右侧）矩形顶管剪应力

由于假定①泥浆的均匀性，沿 z 方向同一高度的泥浆对应的速度可视为相同，即矩形顶管左侧（右侧）的速度与 y 方向无关，泥浆任意一点的运动速率可以进一步简化为 $u=u(z)$，将其代入式（3.34）第二个方程，得：

$$\frac{\mathrm{d}^2 u}{\mathrm{d}z^2} = \frac{K}{\mu} \quad (3.42)$$

对式（3.42）求其通解，边界条件与矩形顶管上方（下方）速度求解计算步骤相同，此处不再赘述，最终求得顶管左侧流体所受的剪应力 τ_w 为：

$$\tau_w = (\tau)_{z=b} = \left(\mu \frac{\mathrm{d}u}{\mathrm{d}z}\right)_{z=b} = \frac{K(b-B)}{2} + \frac{\mu U}{b-B} \quad (3.43)$$

左侧顶管所受的剪应力为：

$$\tau_{左} = -\tau_w = \frac{K(B-b)}{2} + \frac{\mu U}{B-b} = \frac{Kh'}{2} + \frac{\mu U}{h'} \quad (3.44)$$

结合式（3.41）和式（3.44）可得，长度为 l 的矩形管段所受的摩阻力 P_f' 为：

$$P_f = 4al\left(\frac{Kh'}{2}+\frac{\mu U}{h'}\right)+4bl\left(\frac{Kh}{2}+\frac{\mu U}{h}\right)$$

$$= 4l\left[a\left(\frac{Kh'^2+2\mu U}{2h'}\right)+b\left(\frac{Kh^2+2\mu U}{2h}\right)\right] \quad (3.45)$$

(3) 泥浆单位长度压强降计算

取 y 方向流动中的泥浆微元六面体进行受力分析，如图 3-40 所示，取微元 x 和 y 方向的尺寸为 $\mathrm{d}x$ 和 $\mathrm{d}y$，水平方向与顶进方向的夹角取为 θ，θ 角顺时针为正，逆时针为负，以 x 轴为投影轴，则有平衡方程为：

$$\left(p+\frac{\partial p}{\partial x}\mathrm{d}x\right)\mathrm{d}y-p\mathrm{d}y+\left(\tau+\frac{\partial \tau}{\partial y}\mathrm{d}y\right)\mathrm{d}x-\tau\mathrm{d}x+f_x\mathrm{d}x\mathrm{d}y=0 \quad (3.46)$$

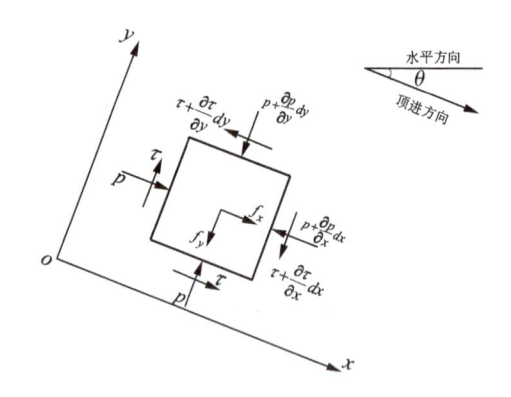

图 3-40 泥浆单元体受力分析图

将式（3.46）两边同时除以 $\mathrm{d}x\mathrm{d}y$ 可得：

$$\frac{\partial p}{\partial x}=-\frac{\partial \tau}{\partial y}-f_x \quad (3.47)$$

因为 p 只与 x 有关，τ 只与 y 有关，因此 $\frac{\partial p}{\partial x}=\frac{\mathrm{d}p}{\mathrm{d}x}$，$\frac{\partial \tau}{\partial y}=\frac{\mathrm{d}\tau}{\mathrm{d}y}$，并将 $f_x=\gamma\sin\theta$ 代入式（3.47），得：

$$K=\frac{\mathrm{d}p}{\mathrm{d}x}=-\frac{\mathrm{d}\tau}{\mathrm{d}y}-\gamma\sin\theta \quad (3.48)$$

将式（3.40）带入到式（3.48），求得泥浆 y 方向上的单位压强降 K 为：

$$K = \frac{\gamma}{2}\sin\theta \qquad (3.49)$$

式中：γ 为泥浆的重度；θ 为水平方向与顶进方向的夹角。

经计算，泥浆 z 方向上的单位压强降 K 与 y 方向的结果相同。

(4) 泥浆套厚度

根据图 3-38 顶管参数示意图可知，泥浆套的厚度指的是顶管外壁到泥浆套外边缘之间的距离，用 h 来表示，该参数主要受泥浆压强及施工间隙影响，施工间隙指的是顶管机机头与顶管管壁之间的距离，用 h_0 和 h'_0 来表示。对于深埋矩形顶管，由于顶管外壁受到的土层压力较大，泥浆压强不足以突破土层的限制造成泥浆套厚度扩张，因此泥浆套的厚度主要受施工间隙影响，如下：

$$\begin{cases} h = h_0 = A' - a \\ h' = h'_0 = B' - b \end{cases} \qquad (3.50)$$

3.5.3 顶管迎面阻力计算

全断面顶进开挖顶管在施工顶进过程中，迎面阻力主要受对应深度的土压力引起，当土层参数稳定、顶深一定时，迎面阻力往往介于主动土压力和被动土压力之间。当迎面阻力大于被动土压力时，顶管机前部土体向两侧及前部挤压，超孔隙水压力来不及消散，前部土体隆起；当迎面阻力小于主动土压力时，则顶进开挖面不能保持稳定，容易产生坍塌。矩形顶管机承受土压力呈梯形分布，考虑土压力合力作用点的矩形顶管迎面阻力计算公式为：

$$P_F = 4A'B'R \qquad (3.51)$$

式中：R 为控制土压力，对于土压平衡式矩形顶管取顶管机高度下部 1/3 处被动土压力。

近似计算公式为：

$$R = \gamma'(h_0 + 4/3A')\tan^2(45° + \varphi/2) + 2c\tan(45° + \varphi/2) \qquad (3.52)$$

式中：γ' 为顶管机迎面土层重度（地下水位以下取有效重度）；h_0 为管顶到原状土地面的覆土深度；c 为土的黏聚力；φ 为土的内摩擦角。

3.5.4 顶管顶推力计算公式

综上所述,将式(3.50)、式(3.52)代入顶管顶推力推导计算公式(3.27)中,得到深埋矩形顶管顶推力计算公式如下:

$$P = 4l\left[a\left(\frac{Kh'^2+2\mu U}{2h'}\right)+b\left(\frac{Kh^2+2\mu U}{2h}\right)\right]+4A'B'R \quad (3.53)$$

3.5.5 工程实例分析

工程施工参数如下:顶管直线顶进,顶进坡度-0.3%,总顶程 $L=233.6$ m,顶管机尺寸 5.5 m×9.1 m,矩形顶管尺寸 5.25 m×8.95 m,$U=15$ mm/min。

泥浆参数:$\mu=1.7$ MPa·s,$\gamma=10.81$ kN/m³。

土层参数:$\gamma'=9.1$ kN/m³,$h_0=9$ m,$c=31.2$ kN/m³,$\varphi=6.2°$。

各参数的物理意义见前文,将其带入到式中可得:

$$P = 120.39l + 19\,214.7$$

顶推力计算值与实测值对比如图3-41,分析曲线图中的顶推力实测值波动,可以看出,在初始的0~15 m顶进里程内,顶推力有一个较大的起伏,最高顶推力可达37 000 kN左右,这是因为在顶进的初期,没有对顶管进行注浆减摩,因此顶推力有一个较大的峰值,当进行注浆减摩后,顶推力迅速回落,到达17 000 kN左右,这说明注浆减摩作用对顶推力计算有极大的影响,是施工过程中的顶管顶推力计算的主要影响因素。将本书顶推力计算值与实测值对比,最大误差在32%左右,误差位置在未注浆减摩段,这说明在未进行注浆减摩的初始时期,本书顶推力计算公式不适用顶管顶推力计算,而进行注浆减摩后,最大误差减小到21%,利用本书公式计算顶推力结果偏安全。

选取现有工程常用的矩形顶管计算公式与本书公式进行对比,表3-8中公式1为本书公式,公式2为考虑土压力的理论计算公式,公式3为考虑平均摩阻力的计算公式,公式4为上海地区顶管经验公式。通过表3-8中各项公式的对比可以看出,考虑土压力的理论顶推力计算公式在计算管周摩阻力时,采用

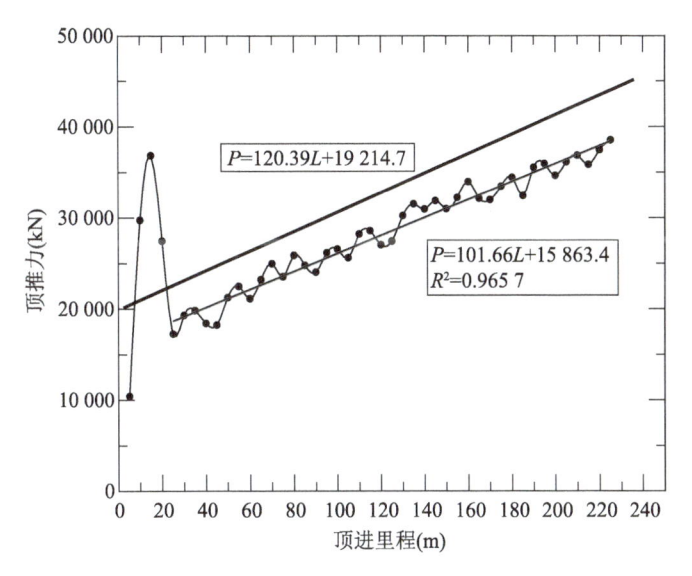

图 3-41　顶推力计算值与实测值对比

管周围压力乘以摩阻力系数,并未考虑顶管的注浆减摩作用,与实测顶进力偏差达到405%,不适合用来预测矩形顶管顶推力;考虑平均摩阻力计算公式在计算管周摩阻力时,采用平均摩阻力乘以顶程,未考虑注浆减摩作用,误差达到89%,适用于预测顶进里程较小的矩形顶管工程;而上海地区矩形顶管经验公式计算时采用当地的摩阻力经验系数,未考虑注浆减摩作用,误差结果40%与本书接近,但不具有普适性。本书推导公式与实测值的误差为21%,

表 3-8　不同顶推力计算公式结果误差对比

序号	计算公式	顶推力/kN	误差/%
公式 1	$P = 4l\left[a\left(\dfrac{Kh'^2 + 2\mu U}{2h'}\right) + b\left(\dfrac{Kh^2 + 2\mu U}{2h}\right)\right] + 4A'B'R$	47 339	21
公式 2	$F = [2c_j(\gamma B_0 - 2c)(B + HK_a) + H^2\gamma K_a - 4cH\sqrt{K_a} + \gamma_k A_p]Lf + BHR^{[10]}$	197 367	405
公式 3	$F = 2(B + H)Lf_F + BHR^{[15]}$	73 783	89
公式 4	$F = 2\theta(B + H)L$	54 569	40

注：顶推力实测值为 39 110 kN。

与其他计算公式误差对比更为接近实测值，并且可以适用不同地区的矩形顶管顶推力计算，本书公式具有普适性。

3.6 顶管触变泥浆测试装置与方法研发

3.6.1 一种可以模拟污水渗漏工况的可视化顶管模型试验装置

(1) 研发背景

近几年来，随着城市地下工程建设的加快，路面开挖导致的交通堵塞、行人安全等问题越来越突出。顶管法施工作为一种非开挖技术，因其具备自动化程度高、施工速度快、不破坏已有建筑等特点，已广泛应用于市政管线、地铁建设等工程中。

在顶管顶进过程中，污水管破裂导致污水渗漏等问题越来越常见。渗漏的污水会沿着泥浆套与顶管之间的缝隙，裹挟泥浆套向后带入始发井，并向前涌入压力舱。同时，在污水破坏泥浆套的过程中，泥浆套被稀释，使其丧失润滑减阻的作用，进而使得顶管顶进中顶推力大幅增加，导致顶管顶进施工困难。

现有技术大多在施工前针对既有的污水管线进行预注浆处理，如加强管节密封措施等，操作复杂、成本较高且效果不稳定，缺乏对顶管顶进过程中污水渗漏情况的动态模拟。针对顶管工程在污水渗漏工况下的可视化模拟难题，有必要设计一种可以模拟污水渗漏工况的可视化顶管模型试验装置。

本装置属于地下工程施工领域，具体涉及一种可以模拟污水渗漏工况的可视化顶管模型试验装置，可应用于模拟污水渗漏工况下污水及顶管机泥浆套位移变化，同时量测顶管推力变化情况。

(2) 研发内容

提供一种可以模拟污水渗漏工况的可视化顶管模型试验装置，如图 3-42 所示，其能有效模拟污水渗漏工况下污水及顶管机泥浆套位移变化，同时量测顶管推力变化情况，操作简单方便，试验结果透明可见，可靠性高。

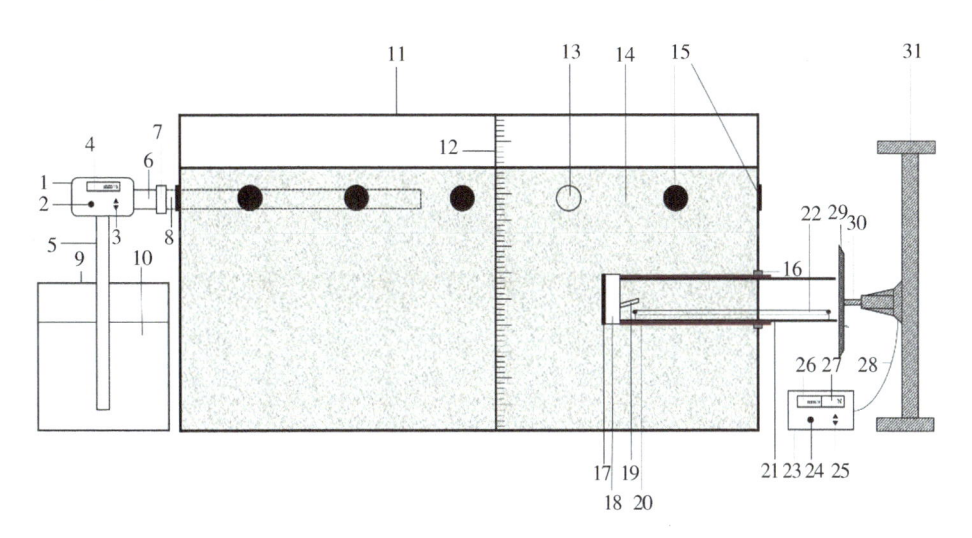

1—抽水泵；2—电源开关；3—设定按钮；4—显示屏；5—引水管；6—出水口；7—螺纹水管接头；8—可拆卸出水管；9—污水箱；10—配制污水；11—装土箱；12—刻度尺；13—污水管通孔；14—透明土材料；15—橡胶塞头；16—预留模型孔；17—可拆卸刀盘；18—模拟土舱；19—排土器；20—泥浆套；21—混凝土外壳；22—传送带；23—千斤顶控制器；24—电源开关；25—设定按钮；26—速度显示屏；27—顶推力显示屏；28—数据线；29—顶推板；30—伸缩杆；31—反力架。

图 3-42　测量装置结构示意图

为实现上述技术目的，采取的具体技术方案特征在于该试验装置包括污水注入装置、可视化地层模拟箱、顶管模型机、顶推压力装置。污水注入装置包括抽水泵、电源开关、设定按钮、显示屏、引水管、出水口、螺纹水管接头、可拆卸出水管、污水箱和配制污水；可视化地层模拟箱包括装土箱、刻度尺、污水管通孔、透明土材料、橡胶塞头和预留模型孔；顶管模型机包括可拆卸刀盘、模拟土舱、排土器、泥浆套、混凝土外壳和传送带；顶推压力装置包括千斤顶控制器、电源开关、设定按钮、速度显示屏和顶推力显示屏、数据线、顶推板、伸缩杆、反力架。在可视化地层模拟箱中装入透明土材料，通过预留通孔安装顶管模型机，模型机在顶推压力装置顶推下工作。当模型机到达设定位置或透明土沉降达到临界值后，调节水泵在泵送速度影响下启动污水注入装置，注入污水后，观察污水及泥浆套位移情况，同时量测顶推力变化情况。

螺纹水管接头可以拆卸更换，从而连接不同管径尺寸的可拆卸出水管，利用不同长度的可拆卸出水管控制污水渗漏水平点位。

配置污水可以按需配置，既可以采取原位污水，也可以调整污水密度、重金属含量、酸碱性等相关指标。

水泵固定于污水箱上方，其泵送量程为 0～100 cm³/s，精度达 0.1 cm³/s。

可视化地层模拟箱由透明钢化玻璃制成，为无盖长方体，长 80 cm，宽 80 cm，高 60 cm，侧边预留顶管模型机通过的洞口，四面刻有刻度线。

污水管通孔控制污水渗漏方向点位，可同时开放多个通孔模拟复杂污水渗漏工况。

顶管模型机由不锈钢材料制成，外壳被混凝土材料覆盖，混凝土强度指标与预制顶管混凝土相同以模拟实际管节材质。

预留模型孔边缘设置止水橡胶环，止水橡胶环内侧涂抹润滑剂，以减少橡胶环与混凝土之间的摩擦。

泥浆套是先在预留模型孔内插入塑料圆管，再装入模型机，在塑料圆管和模型机外壳之间注入触变泥浆，缓慢拔出塑料圆管后形成的。泥浆套可以按需配置，既可以采取现场触变泥浆，也可以调整其密度、稠度、添加剂含量等相关参数。

千斤顶通过数据线与千斤顶控制器连接，通过千斤顶控制器控制伸缩杆顶推顶管模型机。

千斤顶提供顶推力，根据速度显示屏设置速度进行匀速顶推，在注入污水后，调节设定按钮使千斤顶仍保持匀速顶推。

顶推板和伸缩杆为不锈钢材料，伸缩杆可左右伸缩。

顶推板和伸缩杆、反力架之间相互固定连接。

速度显示屏，其测速量程为 0～10 mm/s，精度达 0.1 mm/s。

顶推力显示屏，其测力量程为 0～1 000 N，精度达 0.1 N。

在具体使用时，先在装土箱中分层装入 20 cm 高的透明土材料，保证密实度与模拟工况相同，再将塑料圆管插入预留模型孔并插入顶管模型机；污水出水管插入污水管通孔停留至设计位置处，分层装入剩余透明土材料至 50 cm；在塑料圆管和模型机外壳之间注入触变泥浆，填满孔隙后，缓慢拔出塑料圆管形成泥浆套；打开千斤顶控制器开关，设置顶推速度匀速顶推模型机，当顶管模型机到达设定位置或透明土沉降达到临界值后，调节抽水泵泵速，启动污水注入装置注入污水，观察注入后污水的渗透及泥浆套位移情况，同时调节千斤顶设定按钮使模型机仍保持匀速顶进，量测千斤顶的顶推力变化情况。

与现有技术相比，本装置可以实现污水渗漏工况的顶管推进可视化模拟，其能有效模拟污水渗漏工况下污水及顶管机泥浆套位移变化，同时量测顶管推力变化情况，操作简单方便，试验结果透明可见，可靠性高。

3.6.2 一种顶管泥浆摩阻力测算装置

(1) 研发背景

随着城市的快速发展，顶管法作为地下工程非开挖技术之一，近年来应用越来越广泛。作为顶管隧道施工的关键技术之一，触变泥浆注浆减阻技术在顶进施工过程中起至关重要的作用。触变泥浆作为必不可少的材料之一，其在顶管顶进过程中影响着顶进摩阻力等因素。以往顶管工程泥浆摩阻力难以直接测算，测算装置复杂，测算方法较为烦琐。部分触变泥浆减阻效果测试装置体积过大、不够灵活，不方便携带至施工现场进行测试。

为了解决在顶管工程施工过程中，触变泥浆减阻效果难以直观评价、摩阻力难以测算，以及部分触变泥浆减阻效果测试装置体积过大、不够灵活的问题，本书提供一种灵活轻便、便于携带、操作简单，可以直观、有效地评价触变泥浆的减阻效果的测算装置。

(2) 研发内容

顶管触变泥浆减阻效果测算装置，由下述部分组成：土箱、土层、混凝土滑块、弹簧拉力计及触变泥浆。如图 3-43 所示。

土箱材料为塑料或有机玻璃，尺寸为长 30 cm，宽 20 cm，高 15 cm，形状为矩形，内部中空。

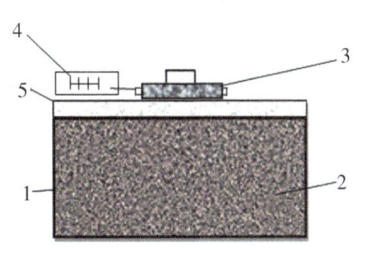

1—土箱；2—土层；3—混凝土滑块；
4—弹簧拉力计；5—触变泥浆。
图 3-43　装置结构示意图

土层与现场土层保持相同，保证其与现场土层在相关指标上保持一致，如有相同的密度等。

混凝土滑块长 10 cm，宽 8 cm，厚 1~2 cm，四周加入钢筋网，八个角进行金属包裹，并在上方和前后方预设拉环。滑块的混凝土强度以及相关指标与预制顶管混凝土相同以模拟实际的顶管材质。

触变泥浆由膨润土、纯碱、羧甲基纤维素（CMC）、水配制而成。

顶管触变泥浆减阻效果测算装置的使用方法包括如下步骤：

① 在矩形土箱下方填入与实际工程相同的土层，并保证其密度与实际工程相同，模拟顶管实际接触的土层。

② 在土层表面放置混凝土滑块，采用弹簧拉力计水平拉动滑块并使其匀速运动，读取弹簧拉力计读数 F_1，测试滑块直接与土层接触情况下的摩阻力。

③ 取走混凝土滑块，在土层表面涂抹触变泥浆，使得触变泥浆均匀平铺在土层上方，在触变泥浆表面放置混凝土滑块，再次使用弹簧拉力计拉动滑块使其匀速运动，读取弹簧拉力计读数 F_2，测定涂抹触变泥浆情况下的摩阻力。

④ 令 $K = F_2/F_1$，即该触变泥浆的减阻效果。

⑤ 采用不同配方的触变泥浆重复②～④步骤，可得到不同配方触变泥浆的减阻效果，对不同配方触变泥浆的减阻效果进行比较。

⑥ 采用不同的地层重复①～④进行测试，可得到不同地层情况下触变泥浆的减阻效果。

与现有技术相比，此装置能够有效地测算泥浆减阻效果，同时灵活方便、操作简单，方便携带至顶管施工现场进行测试。

3.6.3　一种考虑水压下的顶管泥浆摩阻力测算装置及其测试方法

(1) 研发背景

触变泥浆注浆减阻技术作为顶管隧道施工的关键技术之一，在顶进施工过程中的作用至关重要，但是在高水压条件下，由于地下水持续窜流入顶管管节与地层之间，引起触变泥浆的稀释、黏度下降；另一方面，地下水持续窜流入顶管管节与地层之间，将触变泥浆剥离管节外周不断向洞门处推挤。这一过程引起触变泥浆减阻效果降低，周围地层对顶管机、管节的握裹力增大，从而引起顶进力的异常增大。而当前的研究中，针对水压条件下顶管工程泥浆摩阻力研究较少，考虑水压条件下顶管触变泥浆减阻效果的测试装置和方法尚未见报道。

本书旨在提供一种考虑水压下的顶管泥浆摩阻力测算装置及其测试方法，

可以简单有效地测算水压条件下泥浆减阻效果。

(2) 研发内容

提供一种考虑水压条件下的顶管触变泥浆减阻效果测试装置及其测试方法，能够综合考虑顶管开挖时周边地层土、水压力对于顶管施工的影响，同时对顶管顶进中触变泥浆的减阻效果进行评价，为顶管工程在水压条件下的实际施工提供一定的参考信息，防止出现工程事故。

本书提供的装置由以下部分组成：模型箱、土层、水、混凝土圆管、空压机、软管、橡胶止水环、空心圆管、千斤顶及触变泥浆。如图 3-44 所示。

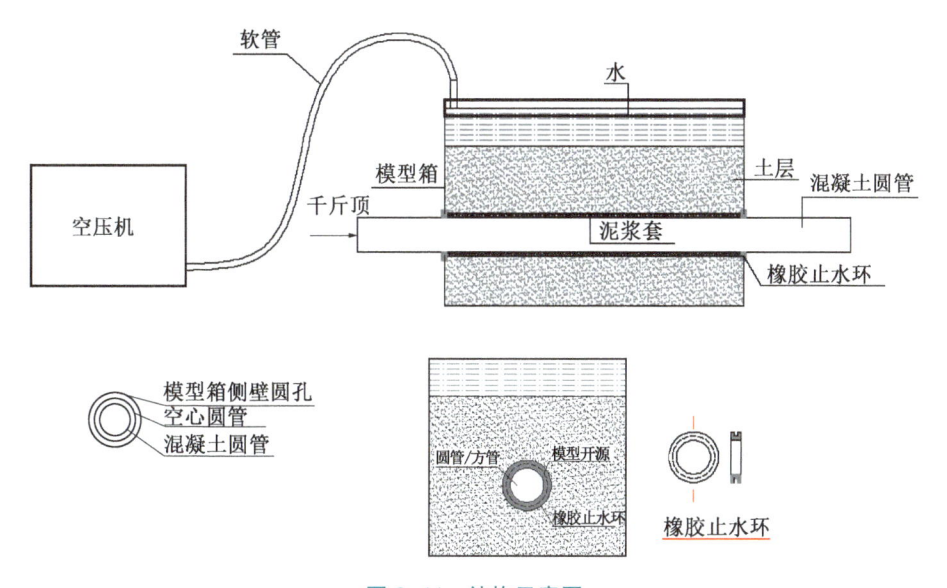

图 3-44　结构示意图

模型箱的特征：模型箱为矩形，长 40 cm，宽 40 cm，高 60 cm，由透明钢化玻璃制成，含箱体和上盖两部分，箱体和上盖用法兰连接，上下法兰间设橡胶密封圈。

土层的特征：与现场土层保持相同，保证其与现场土层在相关指标上保持一致，如有相同的密度等。

混凝土圆管的特征：混凝土圆管长 100 cm，直径视具体情况而定，强度指标与预制顶管混凝土相同以模拟实际的顶管管节材质。混凝土圆管也可以是方形或矩形空管。

触变泥浆的特征：由膨润土、纯碱、CMC、水配制而成。

空心圆管的特征：由塑料制成，外径介于混凝土圆管外径与模型箱侧壁圆孔直径之间。空心圆管也可以是方形或矩形空管。

橡胶止水环的特征：橡胶止水环内侧涂抹润滑剂，以减少橡胶圈与混凝土管节的摩擦。

测试装置的使用方法包括如下步骤：

① 在两个模型箱侧壁圆孔上安装橡胶止水环，将塑料圆管从一侧插入橡胶止水环，直至穿过另一侧橡胶止水环为止。采用千斤顶顶进混凝土圆管并使其匀速运动，此时测得千斤顶顶力为 F_1。

② 在步骤①的基础上，在模型箱中分次填入 40 cm 高的土层，保证土质、密实度与现场工况相同。在箱体中缓慢注水直至高出土层 10 cm。安装好箱体密封圈、并盖上上盖。启动空压机加压至一定压力，采用千斤顶顶进混凝土圆管并使其匀速运动，此时测得千斤顶顶力为 F_2。

③ 清除模型箱中的土体及水，将塑料圆管从一侧插入橡胶止水环，直至穿过另一侧橡胶止水环为止。在模型箱中分次填入 40 cm 高的土层，保证土质、密实度与现场工况相同。在箱体中缓慢注水直至高出土层 10 cm。安装好箱体密封圈并盖上上盖。将混凝土圆管插入塑料圆管，并在混凝土圆管与塑料圆管之间注入触变泥浆。缓慢拔出塑料圆管，此时橡胶止水环接触混凝土圆管将触变泥浆锁定在混凝土圆管与地层之间。启动空压机加压至一定压力，采用千斤顶顶进混凝土圆管并使其匀速运动，此时测得千斤顶顶力为 F_3。

④ 触变泥浆减阻效果为 $(F_3-F_1)/(F_2-F_1)$。

⑤ 采用不同的触变泥浆，重复①～④可测得不同减阻泥浆的减阻效果。

⑥ 控制空压机施加不同的压力，重复①～④可测得不同水压条件下减阻泥浆的减阻效果。

3.6.4 一种穿越既有污水管渗漏区的顶管施工方法

（1）研发背景

随着城市化发展的不断加快，顶管施工时遭遇的工况也越来越复杂，顶管工程临近或穿越污水管施工的情况非常普遍。由于污水管埋地时间长，在长期的服役过程中不可避免地会出现自然腐蚀、老化、破损现象，或因城市道路、临近市政管网或建筑工程施工造成人为破坏，这些情况都会导致污水管道发生泄漏。因而，顶管工程穿越既有污水管泄漏区的情况也时有发生。

既有污水管泄漏区具有以下特点：

① 周围地层土体颗粒流失，导致土质松软，甚至空洞。

② 污水渗漏引起地层扰动，同时污水中的成分将会引起周围地层强度的改变。特别是污水引起地层富营养化，导致地层中有机质含量增加，致使地层强度显著下降。

③ 污水中的各类阴离子、阳离子引起周围土体、地下水的腐蚀性能增加。

④ 污水渗漏可能改变局部地层中的水位及水力渗流条件。

⑤ 污水在地层中积聚导致有毒有害物质的增加，甚至产生大量有毒有害气体。

既有污水管泄漏区作为一种污染地层，其特殊的水文地质条件将会对顶管施工造成极大影响。同时顶管施工的扰动作用也可能进一步引起污水管的二次损伤、污染区的扩大，从而增大施工风险，并会对周围环境造成严重损害。当前国内的研究，多集中在实施顶管工程时对周围地层、地面道路、地下管线及其他建筑物的影响方面。对于顶管施工穿越既有污水管渗漏区的施工方法尚未见报道。因而如何识别顶管工程穿越既有污水管泄漏区的风险并采取相应的措施，对顶管工程顺利穿越既有污水管泄漏区十分重要。

为此，本书提出了一种穿越既有污水管渗漏区的顶管施工方法，涉及地下工程技术领域。其主要是为了应对既有污水管渗漏区特殊的水文地质条件，减小顶管穿越既有污水管泄漏区的风险，确保施工安全。

(2) 研发内容

一种穿越既有污水管渗漏区的顶管施工方法，能够识别顶管工程穿越既有污水管泄漏区的风险，并采取相应的措施保证施工安全。

施工工艺流程：既有污水管调查→既有污水管渗漏区地质条件分析→顶管穿越既有污水管泄漏区风险评估→预处理→顶管机械设备选型及改造→工前试验及材料处理→顶进施工控制。为了使目的、技术方案及优点更加清楚明白，以下结合附图及实施例进行进一步详细说明。

如图 3-45、3-46 所示，实施例中的顶管隧道穿越既有污水管泄漏区的施工方法主要包括如下步骤：

① 既有污水管调查。对顶管穿越处的既有污水管线进行工前探测，探明污水管标高、尺寸，其次查明既有污水管结构形式、是否有内压、渗漏点位置、渗漏流量大小，最后对既有污水管结构状态及服役性能进行评价。

② 既有污水管渗漏区地质条件分析。取污水及渗漏区土体进行水质及土质检测，查明各主要污染物成分及各类阴离子、阳离子含量及 pH，明确腐蚀等级，并且判断穿越区及附近是否存在空洞，查明地层中有机质含量及地层强度，查明地下水位及水力渗流条件，查明地下土及地下水中有毒有害物质含量，查明地层中易燃易爆气体含量。

③ 顶管穿越既有污水管泄漏区风险评估。首先评估地层土及地下水对顶管混凝土、钢筋、螺栓及其他材料腐蚀的风险，评估地层中空洞引起顶管栽头的风险，评估顶管施工引起地面沉降及轴线偏差的风险，评估触变泥浆稀释、劣化及顶力增大的风险，评估洞门密封失效的风险，评估泥浆置换效果不佳的风险，评估既有渗漏污水管二次损伤的风险，评估顶管施工时发生中毒事故的风险，评估顶管施工时发生爆炸事故的风险，最后采用数值计算软件及风险评估模型进行验证。

④ 预处理。对渗漏污水管进行修补、堵漏，对污水管周围地层进行预先注浆加固，并且采用化学注入液对地层土及地下水进行污染治理，使用地表钻孔对含气土层进行控制性放气，放气结束后采用黏土封孔密实。条件允许时，对污水管临时截流、设置伸缩节。

⑤ 顶管机械设备选型及改造。选用泥水平衡顶管机，如已采用土压平衡顶管机，则对皮带机、土车等设备进行封闭改造。在开挖面附近、螺旋排土口（土压平衡顶管）或进排泥管路延伸区（泥水平衡顶管）等部位设置污染气体吸附包，污染气体吸附包一侧可内置报警器的气体检测仪。综合工程实施条件、隧道断面尺寸及长度、污染气体分布进行隧道通风设计，建立大风量强制通风系统。

⑥ 工前试验及材料处理。选用不同配比的触变泥浆进行污水混合试验，优选出密度、黏度、滤失量、析水率、减阻效果等性能指标最佳的触变泥浆，

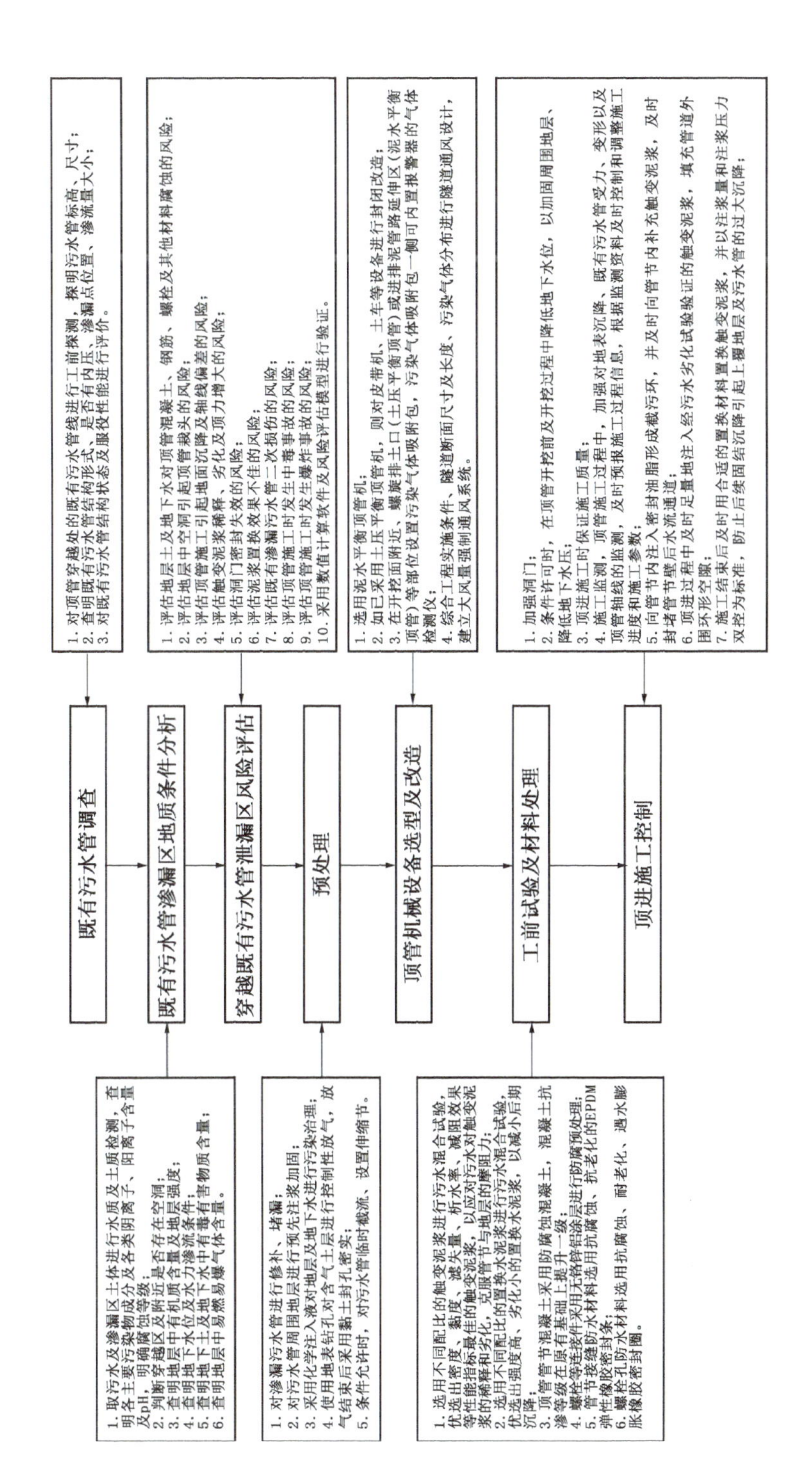

第三章 软黏土及风化闪长岩地层触变泥浆配制及减阻技术研究

图 3-45 穿越既有污水管渗漏区的施工流程示意图

既有污水管调查
1. 对顶管穿越处的既有污水管线进行工前探测，标明污水管标高、尺寸；
2. 查明既有污水管结构形式、是否有内压、渗漏点位置、渗流量大小；
3. 对既有污水管结构状态及其服役性能进行评价。

既有污水管渗漏区地质条件分析
1. 取污水及渗漏区土体水质检测及土质检测，查明各主要污染物成分及各类阴离子、阳离子含量及 pH；
2. 判断穿越区有机质等级；
3. 查明穿越区及附近是否有空洞；
4. 查明地下水位及地下水力梯度条件；
5. 查明地层及地表是否有流质失稳现象；
6. 查明地层中易燃易爆气体含量。

穿越既有污水管泄漏区风险评估
1. 评估地层及地下水对顶管混凝土、钢筋、螺栓及其他材料腐蚀的风险；
2. 评估污水管接头处顶管沉降及顶管偏差的风险；
3. 评估顶管施工引起顶管沉降偏差的风险；
4. 评估触变泥浆稀释、劣化及顶力增大的风险；
5. 评估洞门密封效果不佳的风险；
6. 评估泥浆管密封效果不佳的风险；
7. 评估既有渗漏污水管施工时发生二次损伤的风险；
8. 评估既有渗漏污水管施工时发生中毒事故的风险；
9. 评估顶管施工时地下水下位降易爆事故的风险；
10. 采用数值计算对软土中及风险评估进行模拟进行验证。

预处理
1. 对渗漏污水管进行修补、堵漏；
2. 对污水管周围地层进行预先注浆加固；
3. 采用化学浆液对地下水进行控制性放水、放气等；
4. 使用顶管化学浆对污水及气土层进行控制；
5. 条件允许时，地表采用密土封孔密实、设置伸缩节。

顶管机械设备选型及改造
1. 选用泥水平衡顶管机；
2. 加固采用土压平衡顶管机，则对皮带机、土车等设备在开挖过程中降低地下水位，以加固周围地层，降低地压。
3. 在开挖前需设置排污口（土压平衡）或泥排泥口一侧内平衡管路延申区（泥水平衡顶管）等单部件设置污染气体吸附包，污染气体分布进行隧道通风设计，建立大风量强制通风系统。

工前试验及材料处理
1. 选用不同配比的触变泥浆进行污水混合试验，供选出密度高、黏度、流动性、触变泥浆试验效果等性能指标较好的触变泥浆配方；
2. 综合工程实施条件、经济性与地表及地下水的影响，选出污水混合试验效果较好的触变泥浆作为备注；
3. 顶管管节密封条基础上提升一级，螺栓等密封构件选防污水混凝土进行防腐处理，抗老化的EPDM密封胶密封；
4. 螺栓等防水材料选用防腐蚀、耐老化、遇水膨胀的橡胶密封圈。

顶进施工控制
1. 加强洞门、条件允许时，在顶管并挖掘及开挖过程中加强对地表沉降的监测，加强对地下水流的监测、及时顶换触变泥浆；
2. 降低地下水压；
3. 顶进施工时保证顶进质量；
4. 施工监测，顶管施工过程中，及时根据监测信息、及时对顶进参数进行控制和调整施工进度和施工参数；
5. 向管节内及时补充密封油脂防腐性环，并及时向管节内补充触变泥浆；
6. 顶进过程中及时足量注入经污水劣化试验验证的触变泥浆，减少因结沉降引起上覆地层及污水管的过大沉降；
7. 施工结束后及时用合适的置换材料置换触变泥浆，并以试验和注浆压力双重为标准，防止后续固结沉降。

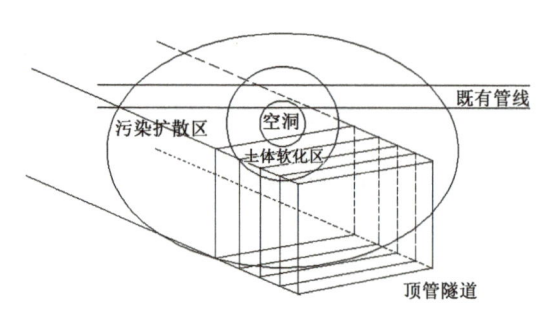

图 3-46　顶管穿越污水管渗漏区示意图

以应对污水对触变泥浆的稀释和劣化,克服管节与地层的摩阻力。选用不同配比的置换水泥浆进行污水混合试验,优选出强度高、劣化小的置换水泥浆,以减小后期沉降。顶管管节混凝土采用防腐蚀混凝土,混凝土抗渗等级在原有基础上提升一级。螺栓等连接件采用无铬锌铝涂层进行防腐预处理。管节接缝防水材料选用抗腐蚀、抗老化的乙丙橡胶(EPDM)弹性橡胶密封条。螺栓孔防水材料选用抗腐蚀、耐老化、遇水膨胀橡胶密封圈。

⑦ 顶进施工控制。首先对洞门加强,洞门处采用组合形式止水或设置双道洞门密封,加大洞口密封橡胶对管节的握裹力,加强止退装置,防止顶管顶进过程中管节后退,导致止水装置失效。条件许可时,在顶管开挖前及开挖过程中降低地下水位,以加固周围地层、降低地下水压。在顶进施工时,加强顶管后靠施工质量的控制,确保后靠不发生位移,以保证顶进设备的安装无误及顶进精度。合理控制顶进速度,确保顶管机安全、准确、快速出洞,出洞完成后缓慢调节至正常顶进速度。合理控制各组液压千斤顶,使其顶力、行程、速度一致,保持顶力合力线与管道中心线相重合。顶进过程应按照勤测量、勤纠偏、小量纠的操作方法进行,避免过度纠偏造成管道接口密封失效和管端碎裂,发生水土和触变泥浆的流失,引起地面沉降。在顶管穿越污水管过程中必须严格控制顶进压力,保持顶进力与前端土体压力的平衡,严格控制与顶进压力有关的施工参数,如推进速度、总推力、出土量等,减少开挖面支护压力波动,减少土体扰动。

顶管施工过程中,加强对地表沉降、既有污水管受力、变形以及顶管轴线的监测,及时预报施工过程信息,根据监测资料及时控制和调整施工进度和施工参数。

向管节内注入密封油脂形成截污环,并及时向管节内补充触变泥浆,及时封堵管节壁后水流通道。

顶进过程中,及时足量地注入经污水劣化试验验证的触变泥浆,填充管道外围环形空隙。

施工结束后及时用合适的置换材料置换触变泥浆,并以注浆量和注浆压力双控为标准,防止后续固结沉降引起上覆地层及污水管的过大沉降。

3.7 本章小结

本章对粉质黏土和风化闪长岩地层触变泥浆性能指标及减阻效果,以及在污水影响下的泥浆性能进行了室内试验研究,得到以下结论:

(1) 随着膨润土含量的增加,触变泥浆的漏斗黏度显著增加,密度、pH增加较少,失水量、析水率减少,当膨水比超过1∶10后,泥浆流动性显著降低,性质变差。随着聚丙烯酰胺含量的增加,触变泥浆的漏斗黏度增加明显,失水量先增加后减小,当聚丙烯酰胺含量为0.05%时,泥浆失去流动性,呈块状大颗粒,含量为0.1%时,泥浆呈凝胶状。

(2) 当未采用泥浆减阻时,粉质黏土地层与水泥板之间的摩擦系数为0.463,风化闪长岩地层与水泥板之间的摩擦系数为0.360,两者相差28.6%。当采用聚丙烯酰胺含量0.01%的膨水比1∶10泥浆进行减阻后,前者的摩擦系数降为0.275,后者的摩擦系数降为0.230,两者相差19.6%。黏土地层应当重视泥浆减阻效果,采用添加聚丙烯酰胺的优质泥浆进行减阻。风化闪长岩地层可以选用纯膨润土泥浆进行减阻。

(3) 无机盐离子含量较高的污水渗入触变泥浆后,无机盐离子的正电荷与泥浆土颗粒的负电荷相互吸引,导致土颗粒之间的排斥作用降低,泥浆的ζ电位从稳定的31 mV逐渐降低到不稳定的19.3 mV、15.8 mV。大粒径土颗粒含量明显增加,在100~1 000 μm的粒径范围内出现了小型的波峰,同时在

10 μm 粒径附近的土颗粒含量减小。泥浆发生团聚沉淀现象，析水率大幅度升高。污水无机盐离子与泥浆混合后，将导致泥浆的减阻效果下降，而摩擦系数的增加量与无机盐离子浓度呈正相关。

（4）试验得出的优质配比触变泥浆应用于现场施工后，能有效降低顶管顶推力。与未采用泥浆减阻的工况相比，粉质黏土地层减阻后，使得总顶推力下降了约 18.6%，涂蜡后下降了 3.2%，污水渗入后增加了约 11%。风化闪长岩地层减阻后，使得总顶推力下降了约 14%，涂蜡后下降了 1.1%，污水渗入后增加了约 9%。当顶管施工距离较长时，触变泥浆的减阻效果将进一步提升。

（5）针对粉质黏土和风化闪长岩地层触变泥浆性能指标及减阻效果以及在污水影响下的泥浆性能，提出一种可以模拟污水渗漏工况的可视化顶管模型试验装置，有效模拟污水渗漏工况下污水及顶管机泥浆套位移变化，同时量测顶管推力变化情况。为解决顶管推进过程中触变泥浆摩阻力难以测算这一技术问题，提供一种可以直观、有效评价触变泥浆减阻效果的测算装置。

（6）提供一种考虑水压条件下的顶管触变泥浆减阻效果测试装置及其测试方法，能够综合考虑顶管开挖时周边地层土水压力对于顶管施工的影响，同时对顶管顶进中触变泥浆的减阻效果进行评价。

（7）提出穿越既有污水管渗漏区的顶管施工方法，能够识别顶管工程穿越既有污水管泄漏区的风险，并采取相应的措施保证施工安全。

第四章

矩形顶管穿越管线密集区沉降规律研究

4.1 模型建立与计算步骤

4.2 顶管开挖数值模拟结果分析

4.3 不同工况下顶管施工对地层扰动的影响

4.4 顶管下穿既有管线的施工模拟试验装置及方法研发

4.5 本章小结

对于选用矩形顶管，在施工过程中不可避免地会产生土体扰动及地面沉降，当施工工况为浅覆土且下穿城市道路与管线时，如果土体扰动和地面沉降超过规定值，将会影响周围建筑物及地下管线的安全。四个济南顶管工程所穿越的地层存在一定差异，一个断面往往包含多个地层。另外由于顶管隧道位于城市繁华区域，穿越的道路车流量人流量较大，同时许多市政管线埋藏在顶管上方，因此对于地面沉降的控制要求十分严格。本章针对这种穿越多种地层、下穿道路与管线的顶管隧道工程，采用 FLAC3D 软件对四个顶管工程进行施工模拟分析，研究顶管施工引起的地面以及地层扰动规律，并改变管线参数研究管线的材质、尺寸对沉降的影响，为类似地层工况的顶管施工提供参考。

4.1 模型建立与计算步骤

4.1.1 FLAC3D 软件介绍

FLAC3D 软件是由美国 ITASCA 国际集团基于拉格朗日连续介质力学模型推出的数值分析软件[77]。该软件可以较好地模拟地质材料在达到强度极限或屈服极限时发生的破坏或塑性流动的力学特性，对于模拟大变形及施工进程方面十分适用，因此现如今在土木工程领域应用广泛。

FLAC3D 软件内置各向同性、摩尔-库伦、应变强化、双线性应变强化、修正剑桥、遍布节理、双屈服等 12 种本构模型，以及静力、蠕变、动力、渗流和温度 5 种计算模式，以此来应对多种工程环境。当某些已有命令无法满足用户需要时，用户可以依靠 FISH 语言重新定义变量和函数，同时 FLAC3D 提供桩（pile）单元、梁（beam）单元、锚索（cable）单元、壳（shell）单元、衬砌（liner）单元和土工格栅（geogrid）单元 6 种结构单元，可以更好模拟复杂的工程问题。

顶管开挖是一个相对复杂的过程，FLAC3D 软件强大的建模计算能力毫无疑问会增加模拟计算的准确性，提高计算精度，因此现如今大部分顶管开挖沉降研究均采用 FLAC3D 软件。

4.1.2　计算模型与参数选取

(1) 计算模型

本书建立的模型主要依照现场地质勘查报告及经验资料，由于不同车站出入口穿越的地层以及管线各不相同，为了保证数值计算结果的准确性及可靠性，四个车站各建立出入口顶管工程模型。考虑顶管施工以竖向中轴线对称，为提高模型的计算效率，选取半边结构开展数值模拟计算。根据现场实际情况，模型三维直角坐标系坐标原点设在顶管中心，隧道水平方向设为 x 方向，隧道掘进方向设为 y 方向，隧道竖直方向设为 z 方向。模型的边界条件进行统一规定：在竖直 z 方向上，模型的上面设置为无约束条件的自由边界，可以产生位移，模型底面作用 z 方向的位移约束；在水平 x 方向上，模型左右表面边界作用 x 方向的位移约束；在掘进 y 方向上，模型前后表面边界作用 y 方向的位移约束。

A 车站 1 号出入口的地质状况自上而下依次为：2.8 m 的杂填土、3.2 m 的黏土层、4.8 m 的粉质黏土层、18.6 m 的风化闪长岩层，掘进断面穿越 4.5 m 的粉质黏土层和 0.4 m 的风化闪长岩层。模型尺寸按照 x 方向取 25 m，y 方向取 100 m，z 方向取 20 m 设置。顶管下穿的重要管线主要为：距始发井 5.3 m、埋深 2.2 m 的 DN800 混凝土污水管，距始发井 18.5 m、埋深 1.85 m 的 DN500 钢热水管，距始发井 28.7 m、埋深 1.72 m 的 DN400 铸铁饮水管，距始发井 33.5 m、埋深 2.63 m 的 DN600 混凝土雨水管，距始发井 42.8 m、埋深 1.95 m 的 DN220 钢燃气管。由于 FLAC3D 软件建模需要网格各节点对齐，因此需要将管线的位置进行一定的调整，例如距始发井 5.3 m 埋深 2.2 m 的污水管，建模时将其设为 5.5 m、2 m，其他管线位置也采取类似的调整。模型建立网格划分如图 4-1 所示，管线的位置如图 4-2 所示。

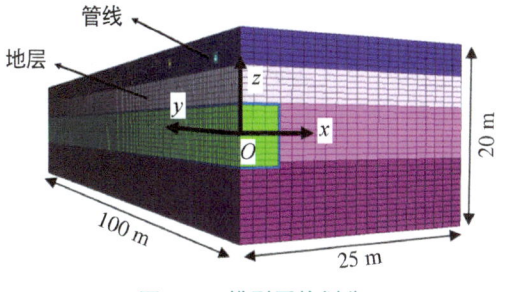

图 4-1　模型网格划分

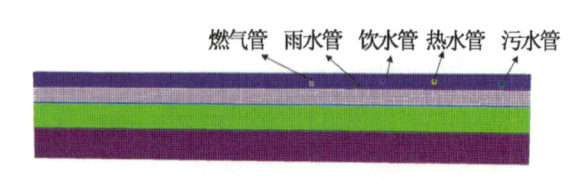

图 4-2　模型管线位置

B 车站 4 号出入口的地质状况自上而下依次为：3.4 m 的杂填土、3.5 m 的黏土层、1.5 m 的粉质黏土层、6.3 m 的粉质黏土层，掘进断面穿越 1.8 m 的黏土层和 3.1 m 的粉质黏土层。模型尺寸按照 x 方向取 25 m，y 方向取 50 m，z 方向取 15 m 设置。顶管下穿的重要管线主要为：距始发井 3.42 m、埋深 2.16 m 的 DN800 铸铁饮水管，距始发井 6.68 m、埋深 1.68 m 的 DN600 塑料污水管，距始发井 10.5 m、埋深 1.75 m 的 DN600 混凝土雨水管，距始发井 20.62 m、埋深 2.48 m 的 DN800 钢热水管。模型建立网格划分如图 4-3 所示，管线的位置如图 4-4 所示。

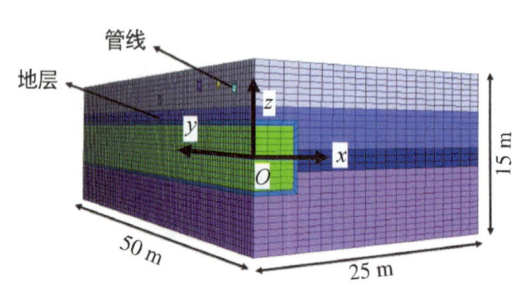

图 4-3　模型网格划分

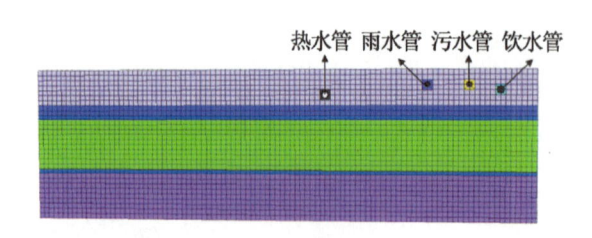

图 4-4　模型管线位置

C 车站 1 号出入口的地质状况自上而下依次为：3.5 m 的杂填土、3.0 m 的粉质黏土层、2.0 m 的黏土层、3.4 m 的粉质黏土层、3.8 m 的粉质黏土层，掘进断面穿越 2.9 m 的粉质黏土层和 2.0 m 的黏土层。模型尺寸按照 x 方向取 25 m，y 方向取 50 m，z 方向取 15 m 设置。顶管下穿的重要管线主要为：距始发井 10.47 m、埋深 2.23 m 的 DN800 钢热水管，距始发井 21.3 m、埋深 1.98 m 的 DN800 混凝土雨水管，距始发井 24 m、埋深 2.55 m 的 DN600 铸铁饮水管。模型建立网格划分如图 4-5 所示，管线的位置如图 4-6 所示。

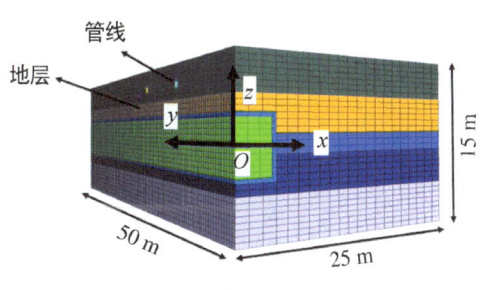

图 4-5　模型网格划分

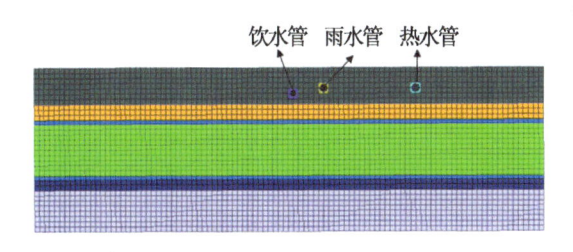

图 4-6　模型管线位置

D 车站 1 号出入口的地质状况自上而下依次为：4.32 m 的杂填土、4.00 m 的全风化闪长岩、7.38 m 的强风化闪长岩，掘进断面穿越 4.9 m 的风化闪长岩层。模型尺寸按照 x 方向取 25 m，y 方向取 50 m，z 方向取 15 m 设置。顶管下穿的重要管线主要为：距始发井 4.2 m、埋深 2.1 m 的 DN600 塑料污水管，距始发井 20.8 m、埋深 2.08 m 的 DN800 铸铁饮水管，距始发井 23.6 m、埋深 2.46 m 的 DN600 混凝土雨水管。模型建立网格划分如图 4-7 所示，管线的位置如图 4-8 所示。

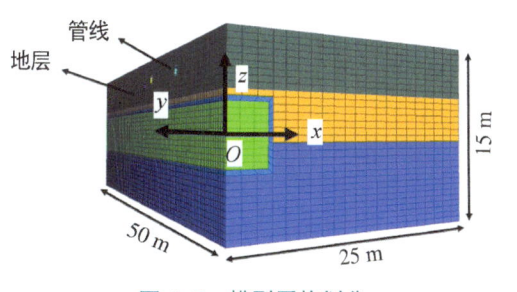

图 4-7　模型网格划分

建立模型时，选择合适的本构模型对于数值模拟至关重要，土体的本构模型采用 Mohr-Coulomb 模型，顶管机钢壳、管节及管线的模拟采用壳结构单元（shell），触变泥浆的模拟采用弹性模型。在模型内根据各层土体参数施加自重荷载实现初始应力的平衡。采用空单元（null）模拟顶管的开挖。

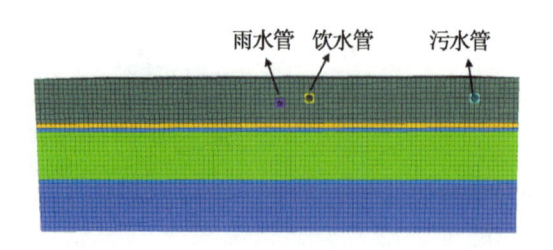

图 4-8 模型管线位置

(2) 参数选取

根据济南市轨道交通 2 号线各车站出入口的地质勘查报告,各出入口的土层物理力学参数如表 4-1～4-4 所示。顶管模型其他材料参数如表 4-5 所示。

表 4-1　A 车站 1 号出入口土层物理力学参数表

土层名称	厚度 (m)	密度 (kg/m³)	摩擦角 (°)	黏聚力 (kPa)	切变模量 (MPa)	弹性模量 (MPa)
杂填土	2.8	1 900	15	5	4.30	11.21
黏土	3.2	1 880	15	28	4.96	14.40
粉质黏土	4.8	1 960	19	25	5.04	14.10
风化闪长岩	18.6	2 000	24	60	200.00	600.00

表 4-2　B 车站 4 号出入口土层物理力学参数表

土层名称	厚度 (m)	密度 (kg/m³)	摩擦角 (°)	黏聚力 (kPa)	切变模量 (MPa)	弹性模量 (MPa)
杂填土	3.4	1 850	15.00	5	6.70	20.10
黏土	3.5	1 930	17.13	29	7.60	22.08
粉质黏土	1.5	1 950	19.82	22	5.51	15.42
粉质黏土	6.3	1 890	16.68	20	7.34	20.55

表 4-3　C 车站 1 号出入口土层物理力学参数表

土层名称	厚度（m）	密度（kg/m³）	摩擦角（°）	黏聚力（kPa）	切变模量（MPa）	弹性模量（MPa）
杂填土	3.5	1 850	15.00	5	6.70	20.10
粉质黏土	3.0	1 920	17.45	21	6.09	17.04
黏土	2.0	1 930	17.13	29	7.60	22.08
粉质黏土	3.4	1 950	19.82	22	5.51	15.42
粉质黏土	3.8	1 950	18.96	24	6.25	17.49

表 4-4　D 车站 1 号出入口土层物理力学参数表

土层名称	厚度（m）	密度（kg/m³）	摩擦角（°）	黏聚力（kPa）	切变模量（MPa）	弹性模量（MPa）
杂填土	4.32	1 900	10	10	6.7	20.1
全风化闪长岩	4.00	2 050	21	30	7.0	21.0
强风化闪长岩	7.38	2 100	25	60	200.0	600.0

表 4-5　顶管模型其他材料物理力学参数表

名称	密度（kg/m³）	厚度（m）	泊松比	弹性模量（MPa）
顶管机钢壳	7 850	0.20	0.30	2.1×10^5
混凝土管节	2 500	0.45	0.20	3 500
触变泥浆	1 050	0.02	0.35	0.3

4.1.3　假定条件与计算步骤

(1) 假定条件

由于顶管实际施工过程中地质条件复杂并受到施工技术、施工质量的影响，数值模拟计算的结果很难与现实情况完全一致，为了方便顶管施工的计算，需要采取一些假定：

① 顶管掘进中各层土体为各向同性单一分布的连续线性弹性材料，各层

土体表面水平。

② 模型计算前初始地应力平衡仅考虑土体自重应力，不考虑土体的构造应力，以及道路交通荷载的影响。

③ 顶管掘进中认为土体的沉降为瞬时沉降，即不考虑时间效应导致土体产生的沉降。

④ 仅考虑触变泥浆的自身性质参数，不考虑施工中的注浆压力等。

⑤ 管线为均质且开挖中不与土体发生相对滑动，不考虑管节、管线接头的影响。

(2) 计算步骤

① 建立顶管施工地层及管线的三维数值模型，定义土体本构模型，设置土体、管节等物理力学参数，进行初始地应力平衡，位移清零；

② 顶管从 $x=0$ 边界一次性掘进 6 m（顶管机长 5.3 m）；

③ 掘进后立即设置顶管机钢壳支护；

④ 开展下一次掘进 6 m 后设置钢壳 shell 支护，将前一次掘进的 6 m 钢壳支护删去，设置管节 shell 支护，同时注浆层设置为实体单元，代入泥浆参数。

⑤ 重复上述步骤，直到顶管逐步开挖掘进完成。

4.2 顶管开挖数值模拟结果分析

4.2.1 土体竖向位移变化分析

模拟计算完成后，选取合适的断面进行土体位移分析。A 车站 1 号出入口顶管选取开挖 6 m、开挖 30 m、开挖完成后的三个断面进行分析，竖向位移云图如图 4-9 所示。

从图中可以看出，随着顶管的开挖，土体的竖向位移表现出一致的变化规律。顶管刚开挖时，顶管上方的土体产生沉降，最大沉降量约为 8.8 mm，出现在靠近始发井的顶管上方，顶管下方产生隆起，隆起量约为 1.8 mm，土体

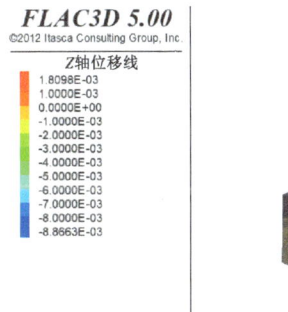

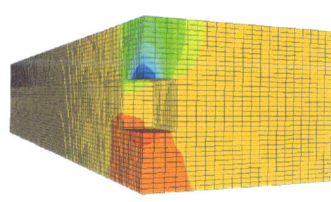

(a) 模拟开挖 6 m 时

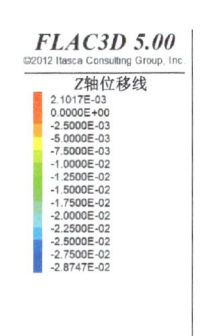

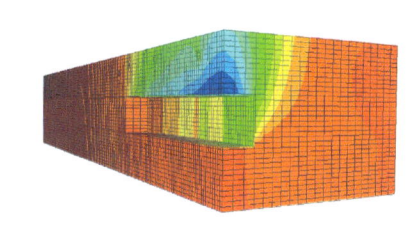

(b) 模拟开挖 30 m 时

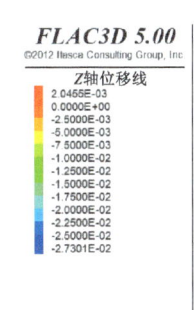

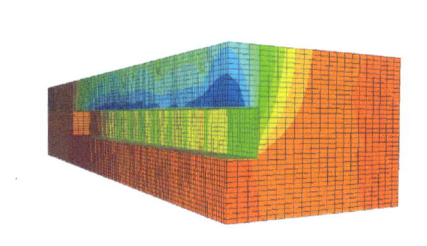

(c) 模拟开挖完成时

图 4-9　A 车站 1 号出入口各开挖面竖向位移云图

的扰动范围最远为距顶管轴线约 9 m 的地表处。当开挖进行到一半时，可以发现在此过程中，土体的竖向位移越来越大，最大沉降量约为 28.7 mm，沉降的影响范围也逐渐增加到距轴线约 13 m 地表处。当顶管开挖完成时，最大沉降量约为 27.3 mm，沉降的影响范围也进一步增加。

其余三个车站出入口顶管工程选取开挖 16 m、开挖完成后的两个断面进行分析，如图 4-10～4-12 所示。

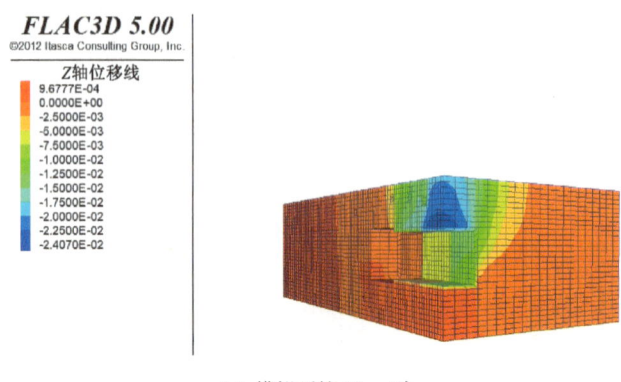

(a) 模拟开挖 16 m 时

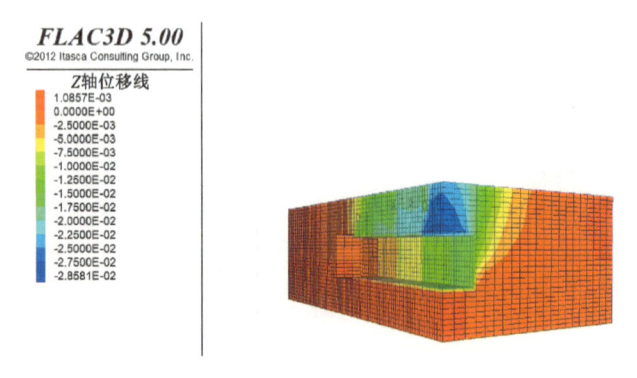

(b) 模拟开挖完成时

图 4-10　B 车站 4 号出入口各开挖面竖向位移云图

(a) 模拟开挖 16 m 时

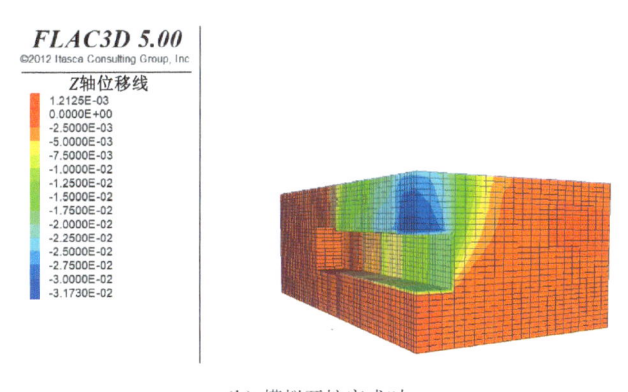

(b) 模拟开挖完成时

图 4-11　C 车站 1 号出入口各开挖面竖向位移云图

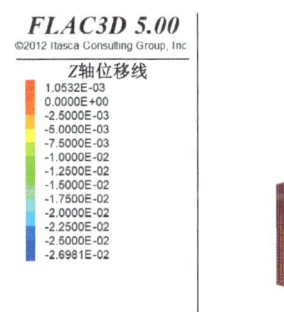

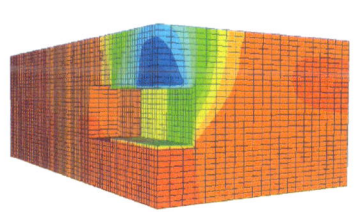

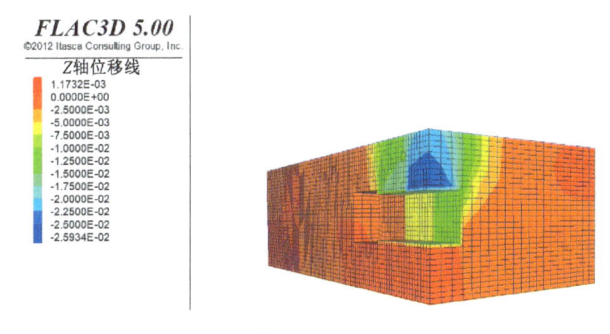

(a) 模拟开挖 16 m 时

(b) 模拟开挖完成时

图 4-12　D 车站 1 号出入口各开挖面竖向位移云图

从图中可以看出，这三个车站出入口顶管工程土体竖向位移变化规律大致相同，竖向位移存在的差异主要由地层以及管线的位置不同导致，三个出入口的沉降最大值都出现在临近始发井的顶管轴线上方，且随着顶管的开挖，土体竖向位移逐渐增大，最大沉降量约为 30 mm 左右，隆起最大值出现在顶管下方，约为 1 mm 左右。

顶管的开挖过程中，管节轴线上方产生的位移最大，隆起最大出现在管节轴线下方，且距离顶管越近，土体的变形越明显，主要原因可能是模型计算时并未考虑注浆压力的影响，仅设置了浆液填充，管节和土体之间的土体损失导致土体向顶管移动。从地表到顶管管顶埋深段，沉降槽的宽度随土层深度逐渐减小，但沉降值增加。从顶管管底向下，沉降槽宽度增加，但隆起值减小。顶管上方土体的扰动范围明显大于下方土体，主要原因可能是顶管建模边界下方约束较大，上方为自由边界。

4.2.2　地表位移变化分析

A 车站 1 号出入口顶管开挖 30 m 时、B 车站 4 号出入口顶管开挖 16 m 时、C 车站 1 号出入口开挖 16 m 时、D 车站 1 号出入口开挖 16 m 时的地表位移如图 4-13 所示，规定沿着顶管开挖方向为正值，远离开挖方向为负值。

(a) A 车站 1 号出入口开挖 30 m 时

(b) B 车站 4 号出入口开挖 16 m 时

(c) C 车站 1 号出入口开挖 16 m 时

(d) D 车站 1 号出入口开挖 16 m 时

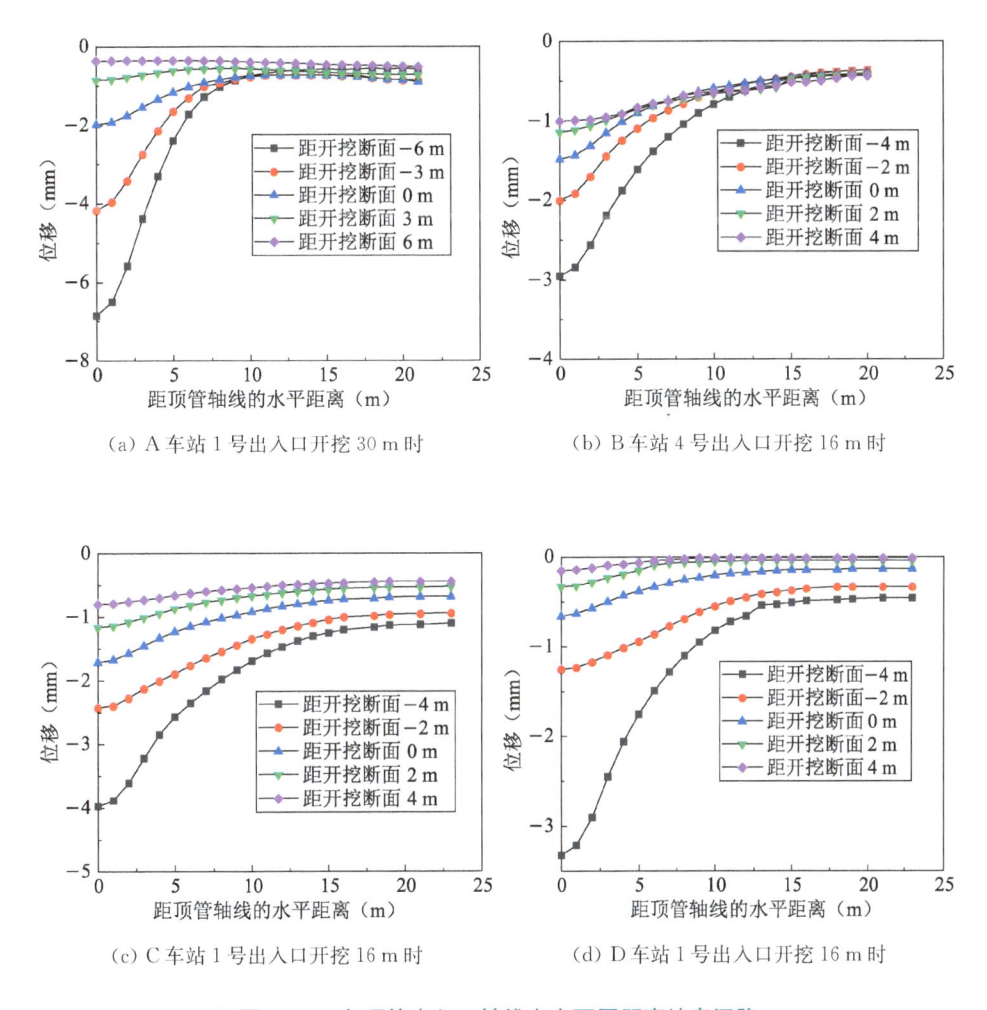

图 4-13 各顶管出入口轴线上方不同距离地表沉降

从图中可以看出，各车站出入口地表沉降以顶管轴线为中心大致呈正态分布，沉降的最大值都出现在顶管轴线上方，且随着距顶管轴线水平距离的增加，地表沉降总体呈降低的趋势。在开挖断面前方，随着距开挖断面距离的增加，顶管对土体的扰动逐渐减小。在开挖断面后方，随着距开挖断面距离的增加，地表的沉降逐渐增加，主要原因是由于开挖引起的地层损失导致土体变形，地表沉降增加。

各车站出入口模拟开挖完成后，顶管轴线正上方地表位移的变形规律，如图 4-14 所示。

(a) A 车站 1 号出入口开挖完成时

(b) B 车站 4 号出入口开挖完成时

(c) C 车站 1 号出入口开挖完成时

(d) D 车站 1 号出入口开挖完成时

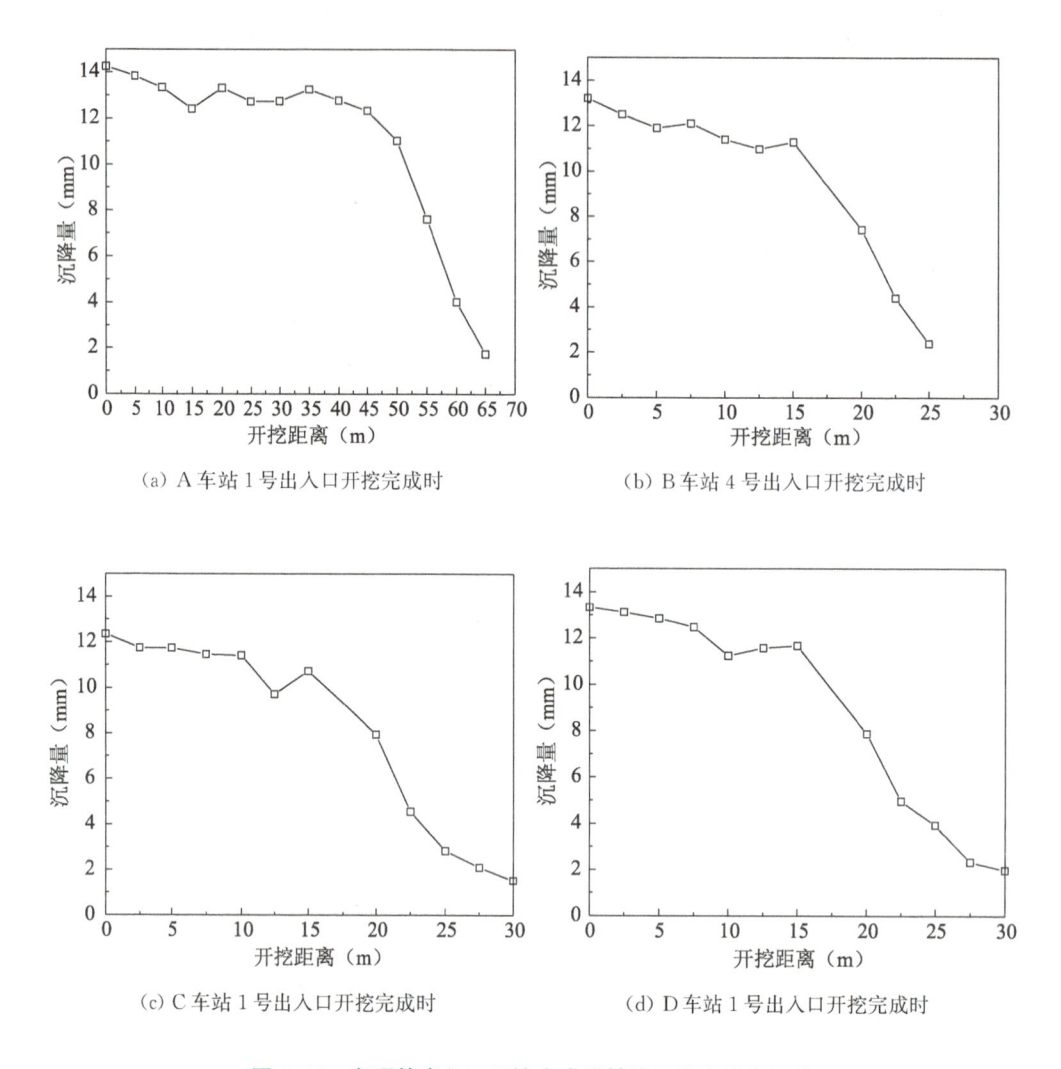

图 4-14 各顶管出入口开挖完成后轴线正上方地表沉降

从图中可以看出，顶管开挖完成后，顶管轴线正上方地表沉降最大值出现在始发井附近，沿着顶管顶进方向，轴线正上方地表沉降大致呈降低趋势。主要原因是顶管开挖过程中，对于地层扰动影响最大为顶管刚开挖时。由于顶管在始发井开始掘进时，破坏了原有地层的完整性，对于土体的扰动最大，因此在顶管施工中，应该采取有效措施加强对始发井洞门附近的加固，确保顶管施工的安全。

4.2.3 开挖后深层土体的位移变化分析

研究开挖完成后部分断面的深层土体位移情况，A车站1号出入口顶管选取开挖完后30 m处，其他三个车站出入口选取开挖完后16 m处，如图4-15所示。

(a) A车站1号出入口开挖后30 m处

(b) B车站4号出入口开挖后16 m处

(c) C车站1号出入口开挖后16 m处

(d) D车站1号出入口开挖后16 m处

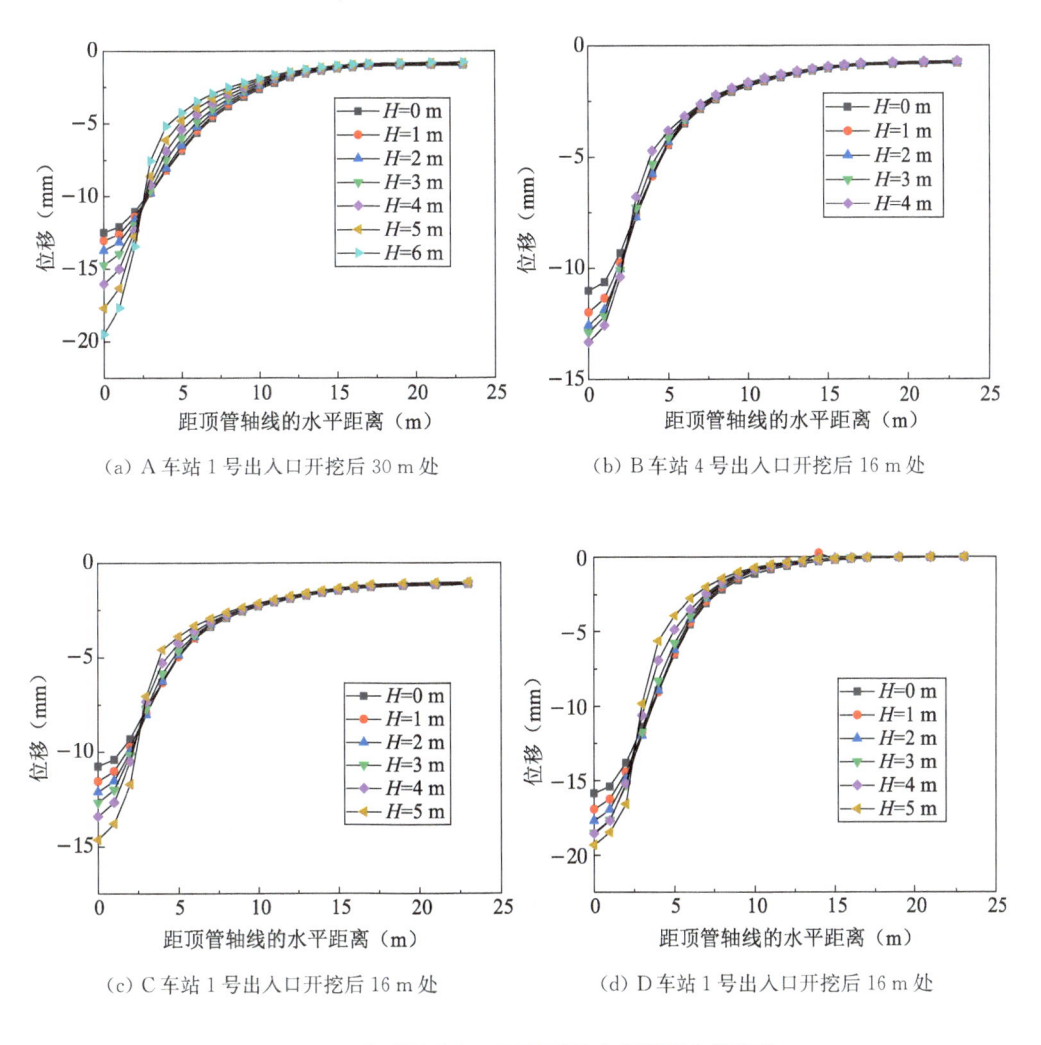

图4-15 各顶管出入口开挖后地表及深层土体位移

从图中可以看出，在顶管管节长度范围以内，地层的沉降随着土体深度的增加而增加，深层土体沉降的最大值出现在顶管轴线正上方，主要原因是顶管的开挖导致管节正上方土体的扰动最为明显，同时在土体自重应力作用下，土体的压缩程度逐渐增加。在顶管管节长度范围以外，地层的沉降随着土体深度的增加呈减小的趋势，当沉降量相同时，土体深度越大曲线离顶管轴线距离越近。随着距顶管轴线水平距离的增加，沉降曲线逐渐由"矮胖型"变成"瘦高型"。

4.2.4 现场监测与数值计算对比分析

以 A 车站 1 号出入口为例，现场实际监测布点侧视图如图 4-16，俯视图如图 4-17，沿着顶管轴线正上方地表设置 9 个监测点，y 轴坐标分别为 5 m、15 m、20 m、30 m、40 m、50 m、55 m、60 m、69 m，依次编号 H1～H9。

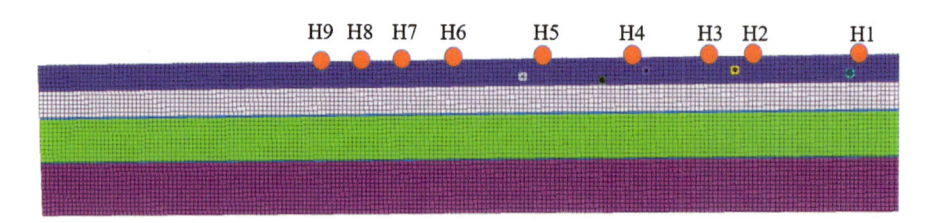

图 4-16 地表沉降监测布点侧视图

图 4-17 地表沉降监测布点俯视图

根据现场调研得出的监测结果，结合数值模拟的分布开挖，绘制实际顶进过程中产生的沉降与数值模拟计算得出的沉降的对比图，如图 4-18 所示，左图为 H1～H5 监测点随着开挖距离增加的沉降变化曲线，右图为 H6～H9 监测点随着开挖距离增加的沉降变化曲线。

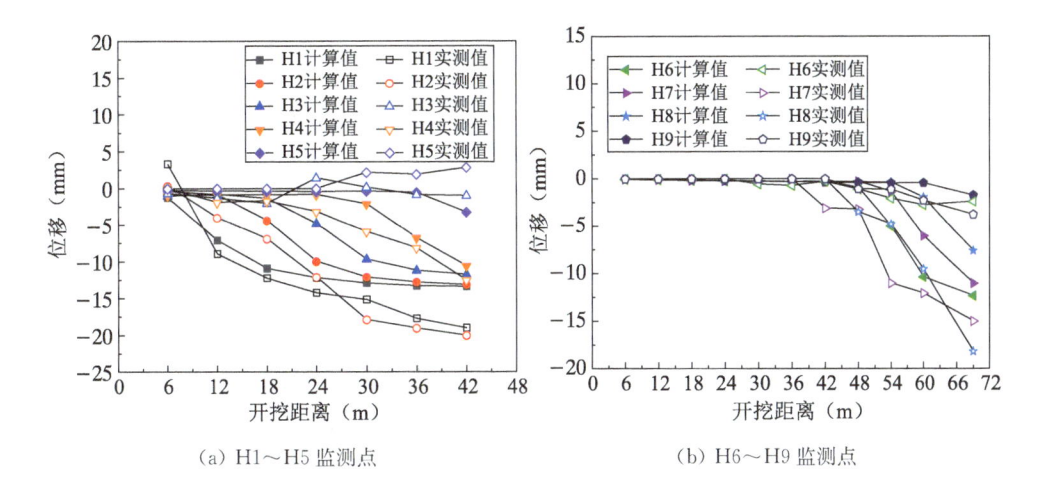

(a) H1～H5 监测点

(b) H6～H9 监测点

图 4-18　监测点沉降随顶程的变化关系

从图中可以看出，数值计算的沉降和现场监测的沉降曲线变化趋势大致相同，表明该数值模型能够较好地模拟现场的实际施工过程。随着顶管开挖的进行，开挖面后方的监测点的沉降逐渐增加，开挖面前方监测点距开挖面越远受到的扰动越小。同一监测点，数值模拟和现场监测曲线沉降差异较小，现场监测的沉降普遍略大于数值模拟的沉降，现场的监测数据中隆起点较多，而数值模拟结果显示未发生明显隆起。主要原因有以下几点：①现场施工人员操作不当，土舱压力波动较大，造成地表沉降、隆起较大；②顶管与地层间存在摩擦效应，尤其是本工程覆土较浅，如顶管姿态控制不良将会造成较大扰动；③工程穿越处地表为现状道路，且顶管上方覆土较浅，车辆动荷载将引起下部地层的进一步扰动，与顶管施工扰动形成叠加效应，造成沉降的增加。

4.3 不同工况下顶管施工对地层扰动的影响

通过数值计算结果与现场监测沉降对比，得出数值模型计算结果具有一定的可靠度。在原有模型基础上，以 A 车站 1 号出入口为例，探究顶管施工中管线密集区管线对土体沉降的约束作用，管线材质对其及周围土体沉降的影响，水泥浆置换减阻泥浆对地层沉降的影响三种不同工况下对地层扰动的影响。

4.3.1 顶管穿越时管线密集区管线对土体沉降的约束作用

下穿管线的顶管在施工过程中，由于管线和土体相互接触将不可避免地发生相互作用。因此，开展顶管穿越管线密集区管线对土体沉降的约束作用研究。由于 A 车站 1 号出入口穿越五根重要管线，因此建立顶管只穿越地层模型、穿越前两根重要管线模型，同时采用一次性开挖，探究管线数量对地层沉降的影响，并进一步分析密集管线区管线对土体沉降的约束作用，竖向位移云图如图 4-19～4-21 所示。

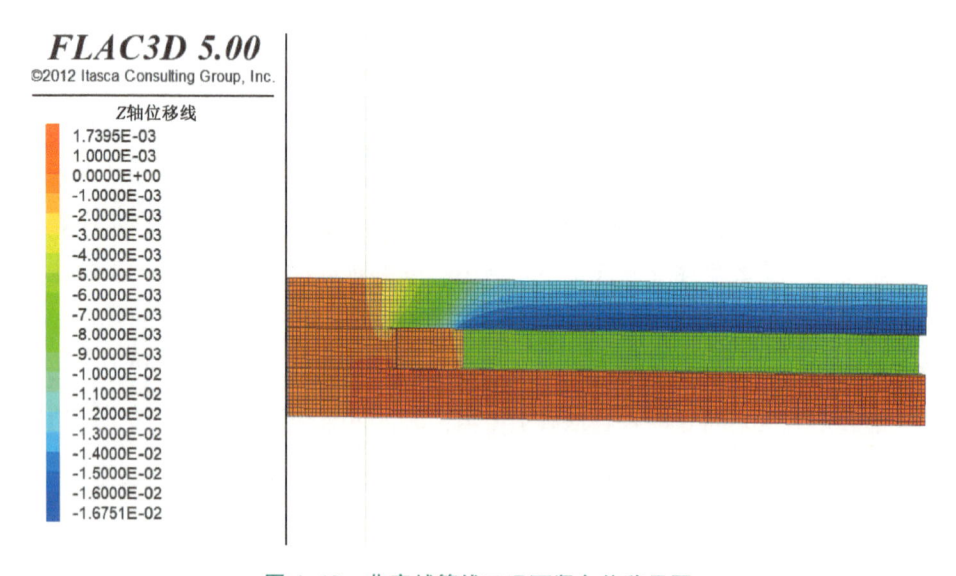

图 4-19 非穿越管线工况下竖向位移云图

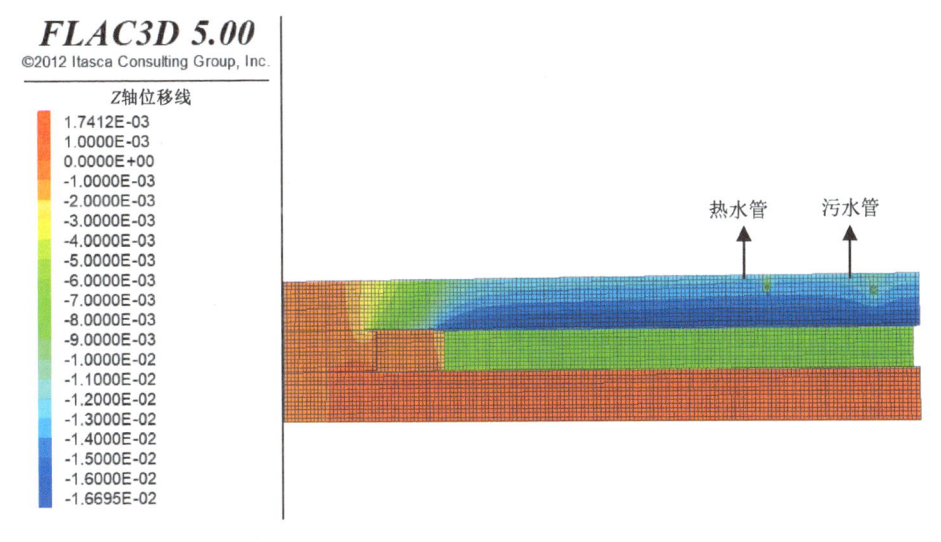

图 4-20　穿越前两根管线工况下竖向位移云图

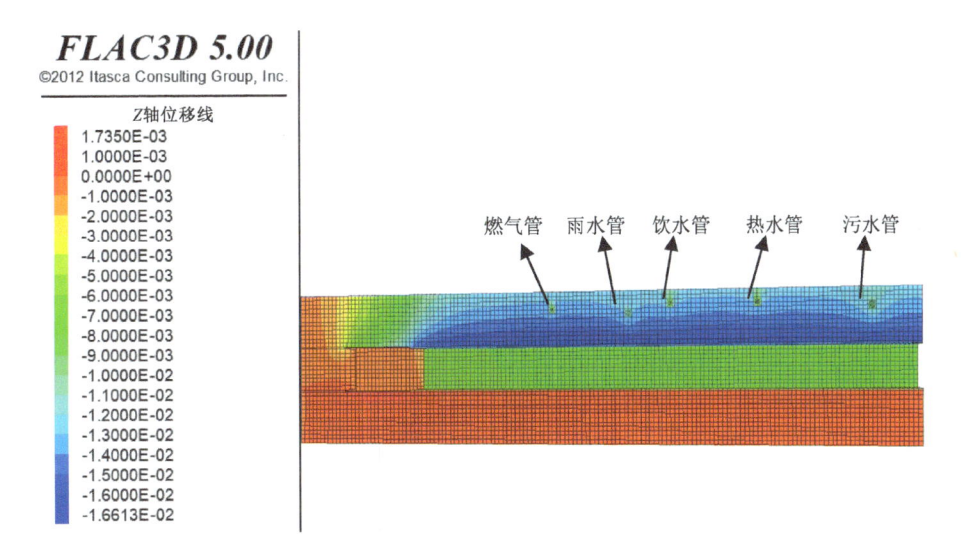

图 4-21　穿越五根管线工况下竖向位移云图

从图中可以看出，顶管施工中未穿越管线时，沉降的变化较为均匀，随着地层深度的增加，沉降值逐渐增加。当下穿两根管线时，由于管线自身具有刚度，起到抵抗土体变形的作用，管线下方土体产生的沉降小于同深度土体，在管线周围形成了以管线为中心的凹陷区，凹陷区的范围与管线的尺寸呈正相关，左右大致为管线尺寸的 4 倍，底部大致为管线尺寸的 2 倍。当下穿五根管线时，各个管线的凹陷区相互影响，管线之间的间距过小时，管线形成管线密集区，各个管线具有的刚度相互叠加，形成屏障阻止管线上方土体下沉，同时管线下方土体由于施工开挖导致沉降，在施工中可能出现管线的脱空。

4.3.2 管线材质对其及周围土体沉降的影响研究

顶管下穿管线时，将不可避免地对管线产生影响，当管线接头强度低同时地层扰动较大时，管线易发生破坏。根据工程下穿的管线按照材质主要可以分为混凝土、钢、铸铁、塑料等。根据上节沉降规律可知，地表沉降最大值出现在顶管轴线上方靠近始发井位置，因此，以 A 车站 1 号出入口第一根管线为例，通过将其材质设置为混凝土、钢、铸铁、塑料，其参数如表 4-6 所示，控制其他变量不变，研究管线材质对其及周围土体沉降的影响。

表 4-6 管线材料物理力学参数表

名称	密度（kg/m³）	泊松比	弹性模量（MPa）
混凝土	2 500	0.15	3 000
钢	7 850	0.30	2.06×10^5
铸铁	7 200	0.30	1.26×10^5
塑料	1 380	0.39	2 320

模拟顶管开挖完成后，得到不同材质管线影响下的竖向位移云图，如图 4-22 所示。

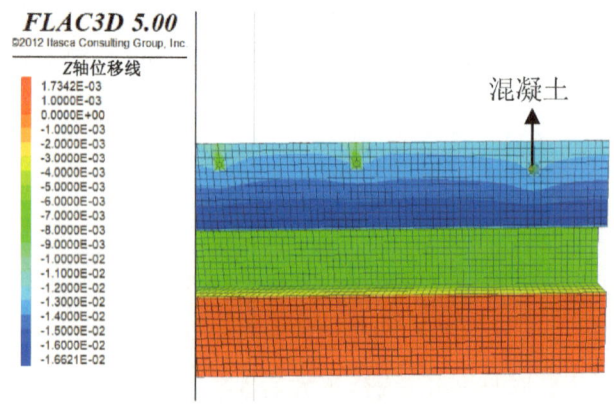

(a) 混凝土材质管线

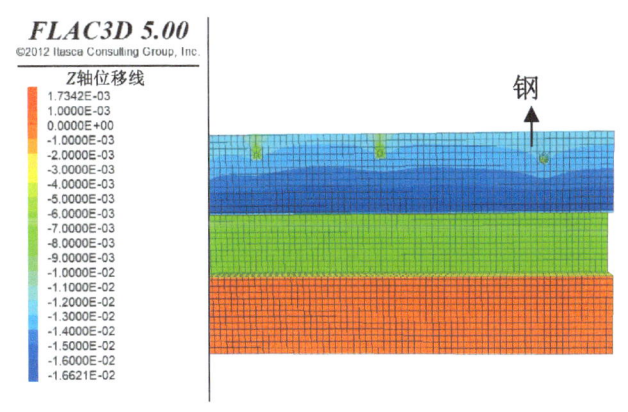

(b) 钢材质管线

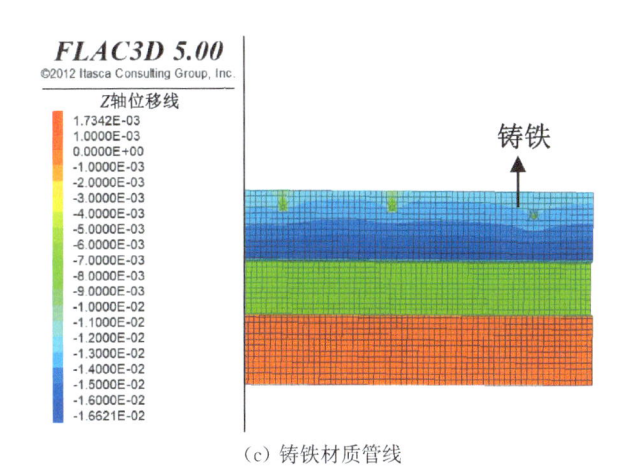

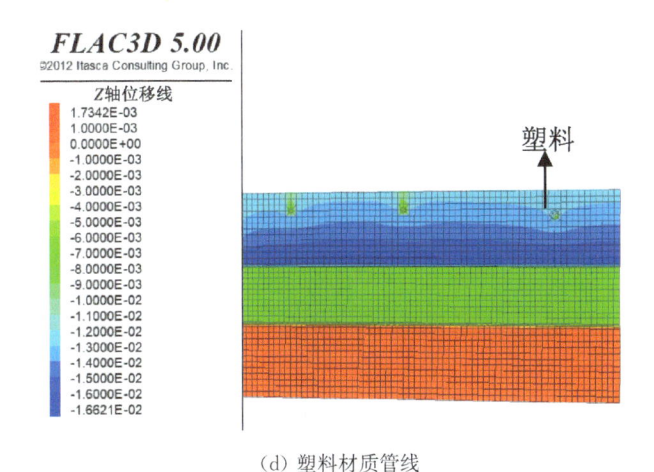

(c) 铸铁材质管线

(d) 塑料材质管线

图 4-22　不同材质管线开挖后竖向位移云图

取与管线正上方接触点土体进行对比分析,如图 4-23 所示,研究管线材质对其及周围土体沉降的影响。

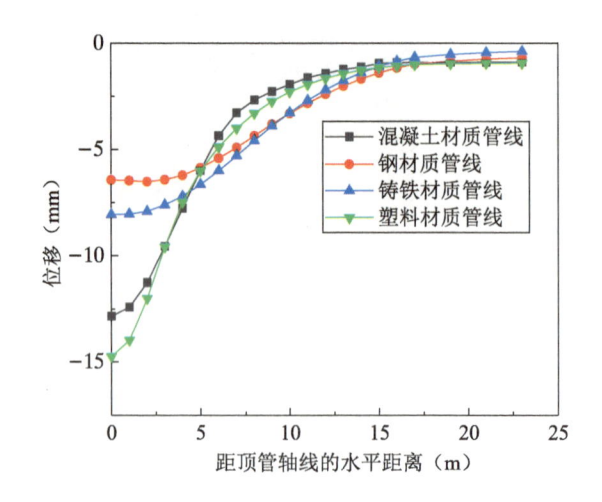

图 4-23 不同材质管线正上方土体位移图

从图中可以看出,顶管施工中对管线及管线正上方土体的位移与管线的材质有很大的关系。在管线尺寸固定的情况下,管线的刚度越大,抵抗土体变形的能力越强,管线及管线上方的土体的位移越小。刚度较大的管线例如钢和铸铁材质管线的变形曲线变化幅度较缓慢,且最大位移较小。这表明在顶管施工中,施工的扰动可以靠管线自身刚度进行抵消。刚度较小的管线例如混凝土和塑料材质管线的变形曲线变化幅度较快,且最大位移较大,管线抵抗变形的能力较差。这表明在施工中,管线更易由于施工扰动发生破裂等现象。

4.3.3 水泥浆置换触变泥浆对地层沉降的影响分析

在顶管施工过程中,通过在管节与土体的缝隙中注入触变泥浆起到减阻以及填补支撑的作用。由于触变泥浆的强度较低,因此一般顶管施工贯通后,通过二次注入水泥浆进行泥浆的置换,从而确保在车站出入口长期使用过程中保证安全。需开展未注浆、注入触变泥浆、注入水泥浆三种工况下对地层沉降的影响研究,泥浆参数如表 4-7 所示。

表 4-7　泥浆材料物理力学参数表

名称	密度（kg/m³）	厚度（m）	泊松比	弹性模量（MPa）
触变泥浆	1 050	0.02	0.35	0.3
水泥浆	2 100	0.02	0.20	8.0

模拟顶管开挖完成后，得到不同泥浆工况下的竖向位移云图，如图 4-24~4-26 所示。

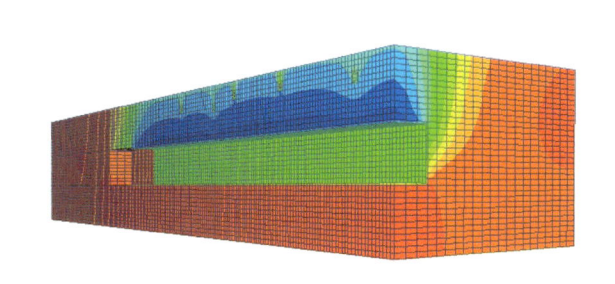

图 4-24　未注浆工况下竖向位移云图

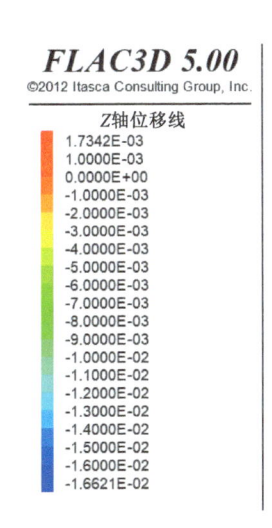

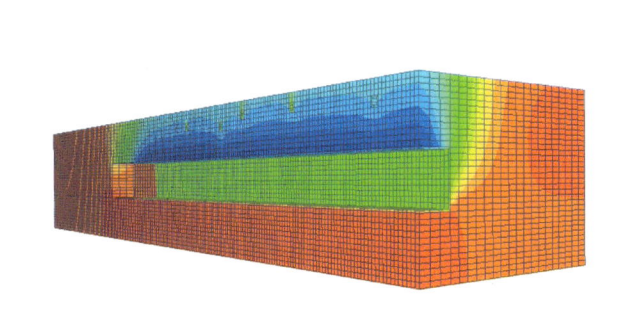

图 4-25　触变泥浆注入后竖向位移云图

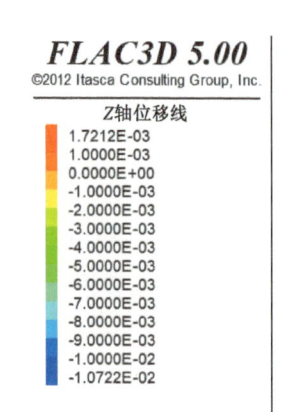

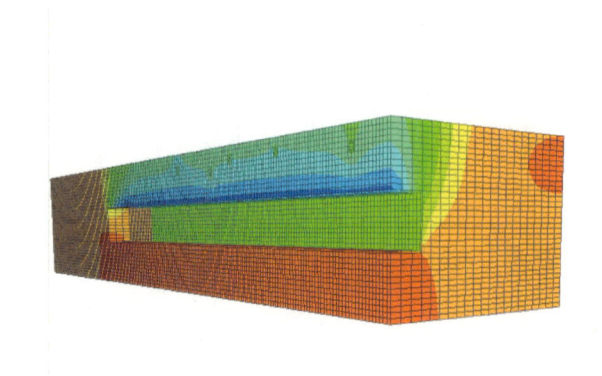

图 4-26　水泥浆注入后竖向位移云图

从图中可以看出，顶管施工在未注浆工况下沉降最大，管节与土体直接接触，最大值达到 26.5 mm；向管节与土体之间注入触变泥浆后，触变泥浆起到了填补支撑土体的作用，沉降值降低到 16.6 mm，与未注浆工况相比，下降了 37.4%。顶管施工贯通后用水泥浆置换触变泥浆，由于水泥浆强度较高，沉降值进一步降低，降低到 10.7 mm，与未注浆工况相比，下降了 59.6%，与注入触变泥浆工况相比，下降了 35.5%。这表明顶管施工中通过注浆能有效降低地层的沉降，顶管贯通后注入水泥浆可以有效提高顶管的安全性。

4.3.4　顶管施工不同管线近距对地层沉降的影响分析

顶管下穿管线的施工过程中，顶管轴线与管线的近距往往对于管线及管线周围土体的变形有一定影响，因此开展顶管施工对不同近距管线的地层沉降影响进行分析。以 A 车站 1 号出入口第一根管线为例，通过将其与顶管轴线的距离设置为 1.5 m、2.5 m、3.5 m，控制其他变量不变，研究管线近距对其及周围土体沉降的影响。模拟顶管开挖完成后，得到不同近距影响下的竖向位移云图，如图 4-27～4-29 所示。

从图中可以看出，当管线与顶管轴线近距为 1.5 m 时，管线及管线周围土体的沉降最大，最大值为 12.9 mm。当管线与顶管轴线近距增加到 2.5 m 时，管线及管线周围土体的沉降为 12.2 mm，与近距 1.5 m 工况相比，减少了

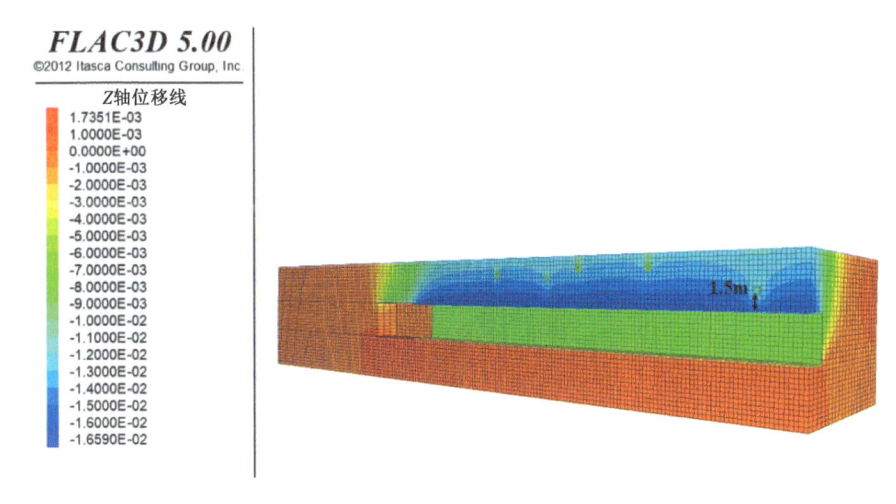

图 4-27　管线近距 1.5 m 竖向位移云图

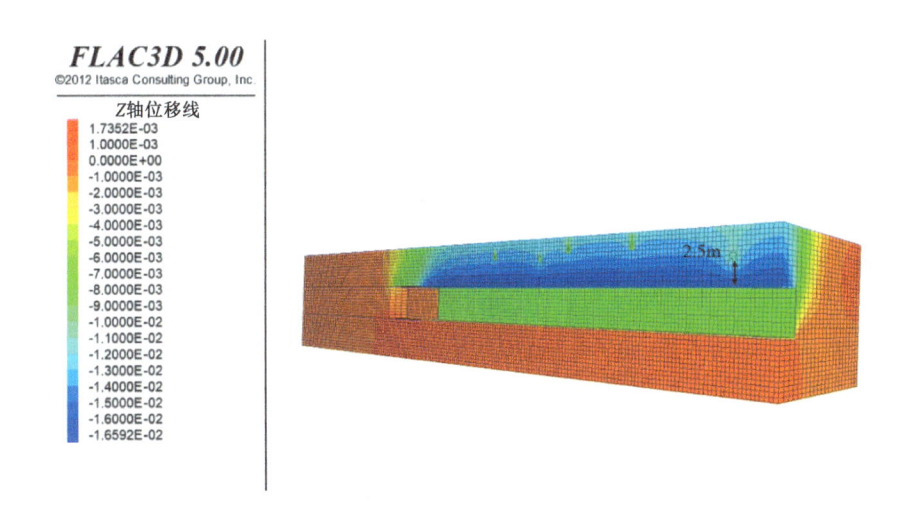

图 4-28　管线近距 2.5 m 竖向位移云图

5.4%。当管线与顶管轴线近距增加到 3.5 m 时，管线及管线周围土体的沉降为 9.3 mm，与近距 2.5 m 工况相比，减少了 23.8%，与近距 1.5 m 工况相比，减少了 27.9%。这表明顶管施工中，管线与顶管轴线近距越小，管线受到顶管施工的影响越大。

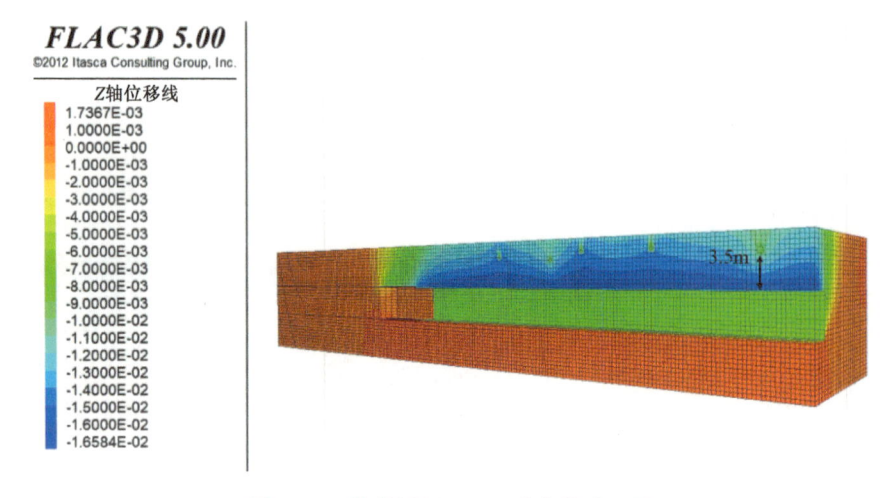

图 4-29　管线近距 3.5 m 竖向位移云图

4.4 顶管下穿既有管线的施工模拟试验装置及方法研发

(1) 研发背景

近年来，顶管工程越来越多地应用于公路隧道、城市道路隧道、地铁隧道、输水及排水隧道的建设。随着城市化进程的加快，顶管工程穿越既有地下管线越来越常见，因顶管施工导致既有地下管线变形、结构损坏从而影响管线正常使用及顶管施工安全的现象也越来越多。由于顶管开挖直径大于管片外径，不可避免引起土体损失。虽然顶管能够通过壁后注浆充填盾尾间隙，但是壁后注浆浆液从流体状态凝结为稳定的固体状态需要一段较长时间，在此期间内管片处于不稳定状态。而且，由于顶管隧道为一环一环管片通过螺栓拼接而成，隧道纵向成为一个相对柔性的结构，处在地层损失引起的空腔内、被流体状态的壁后注浆浆体包裹，管片不可避免地发生上浮及环间错动，从而引起隧道纵向的不均匀变形，进而导致上部管线发生过大位移。

因此，如何结合顶管隧道管片上浮、环间错动特性，考虑隧道纵向的不均匀变形，同时考虑地层损失及壁后注浆的影响，来预测顶管施工对既有管线的影响十分重要。

（2）研发内容

提供一种顶管下穿既有管线的施工模拟试验装置及方法，能够综合考虑顶管开挖时地层损失、壁后注浆、管片上浮、环间错台、隧道纵向不均匀沉降，同时能够预测顶管施工对既有管线的影响，为顶管工程穿越既有管线的实际工程实施提供参考信息，减小工程风险。

为实现上述目的，通过以下技术方案实现：一种顶管下穿既有管线的施工模拟试验装置，包括模型土箱、地层及加载系统、既有管线及监测系统、地层损失模拟系统、隧道衬砌系统、壁后注浆系统、开挖卸载系统等部分组成。如图 4-30 所示。

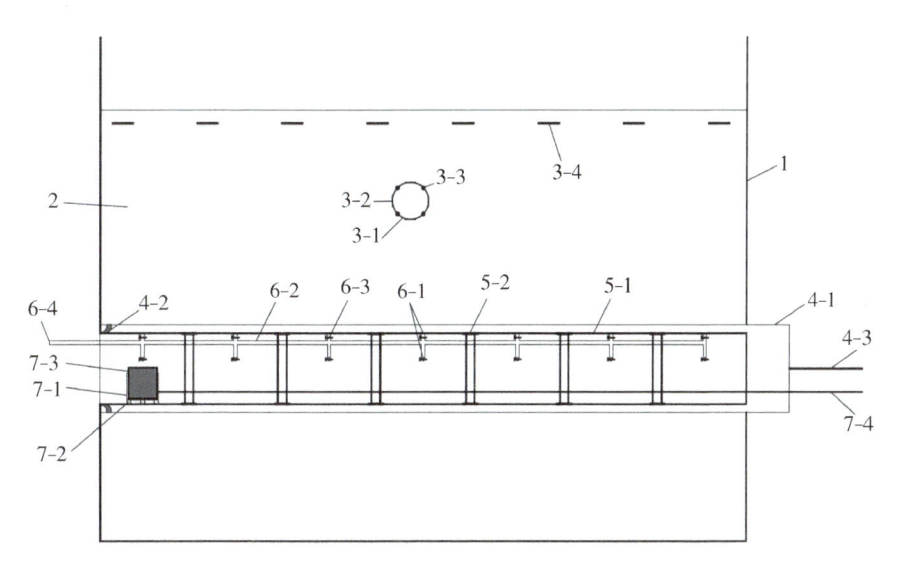

1—模型土箱；2—土层；3-1—管体；3-2—应变片；3-3—应力计；3-4—土压力盒；
4-1—透明管；4-2—橡胶密封圈；4-3—透明管牵引绳；5-1—彩色管节；
5-2—橡胶箍环；6-1—注浆孔；6-2—输浆管；6-3—阀门；6-4—注浆口；
7-1—小车；7-2—车轮；7-3—铅块；7-4—小车牵引线。

图 4-30 顶管下穿既有管线的施工模拟试验装置示意图

模型土箱为透明土箱，材质为有机玻璃。

地层采用透明土，装填于土箱之中。

既有管线及监测系统由管体、预埋于管体上的应变片和应力计及预埋于土层中的土压力盒组成。

地层损失模拟系统由透明管、设置于透明管尾部的橡胶密封圈及设置于透明管头部的牵引绳组成。

隧道衬砌系统由彩色管节、连接管节的橡胶箍环组成。

注浆系统由设置于彩色管节上的注浆孔、输浆管、阀门及浆液注入口组成。

开挖卸载系统由带轮小车、放置于车内的铅块及小车牵引线组成。

地层损失模拟系统中，橡胶密封圈设置于透明管尾部，牵引绳设置于透明管头部，能够通过牵引绳控制透明管的移动。

彩色管节由橡胶箍环连接成一个整体，相邻管节之间能够自由变形，隧道衬砌彩色管节相邻管节颜色不同。

隧道衬砌彩色管节直径小于地层损失模拟系统中的透明管直径，隧道衬砌系统设置于透明管内。地层损失模拟系统中的橡胶密封圈密封于彩色管节外壁。

放置铅块的小车位于彩色管节内，能够通过牵引线在彩色管节内移动。

彩色管节均设 3~5 个注浆孔，每个注浆孔均有独立输浆管及控制阀门。

顶管下穿既有管线的施工模拟试验方法包括以下步骤。

① 安装顶管下穿既有管线的施工模拟试验装置：将彩色管节用橡胶箍环连接，并在管节注浆孔安装输浆管路；将安装好的隧道衬砌系统装入地层损失模拟透明管中，使透明管尾部的橡胶密封圈封住第一节彩色衬砌管节，并在透明管头部安装牵引绳；在第一节彩色管节中放入装有铅块的小车，铅块重量与隧道体积相应的土体重量相同，并安装牵引线；在既有管线管体上预埋应变片和应力计；将隧道开挖模型装入模型箱；在模型箱内装入透明土、既有管线、土压力盒。

② 开挖第 1 节管节：匀速拉动透明管牵引绳 1 个管节距离，透明管尾部的橡胶密封圈到达第 2 个管节处，模拟第 1 节管节开挖引起的地层损失；匀速拉动小车牵引线 1 个管节距离，装有铅块的小车到达第 2 个管节处，模拟第 1 节

管节开挖引起的卸载效应。关闭第 2~7 节管节输浆管阀门，打开第 1 节管节输浆管阀门，在浆液注入口注入透明凝胶材料，模拟壁后注浆，注浆完毕关闭第 1 节管节输浆管阀门。操作示意图如图 4-31 所示。

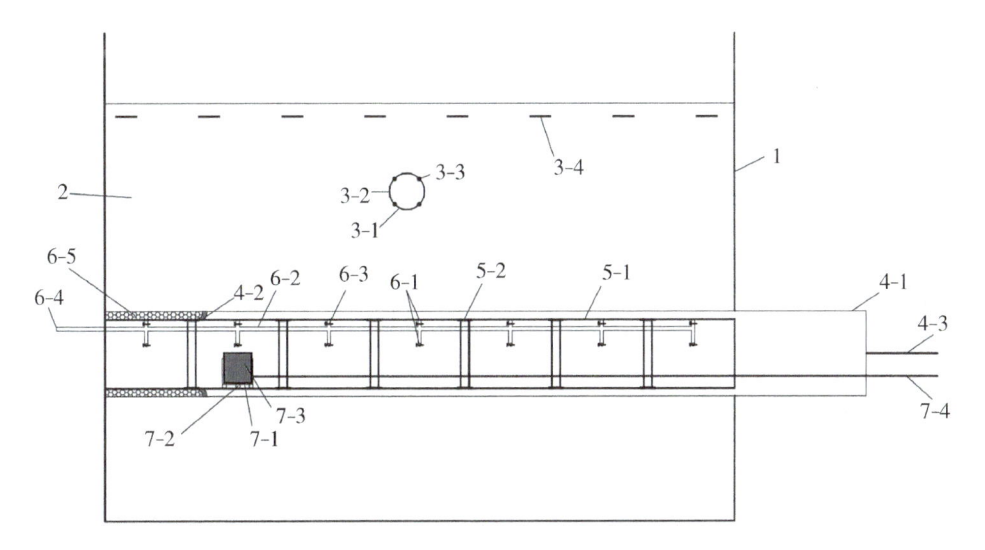

1—模型土箱；2—土层；3-1—管体；3-2—应变片；3-3—应力计；3-4—土压力盒；
4-1—透明管；4-2—橡胶密封圈；4-3—透明管牵引绳；5-1—彩色管节；
5-2—橡胶箍环；6-1—注浆孔；6-2—输浆管；6-3—阀门；6-4—注浆口；
6-5—透明凝胶；7-1—小车；7-2—车轮；7-3—铅块；7-4—小车牵引线。

图 4-31　顶管下穿既有管线的施工模拟试验开挖第 1 节管节示意图

③ 开挖第 2 节管节：再匀速拉动透明管牵引绳 1 个管节距离，透明管尾部的橡胶密封圈到达第 3 个管节处，模拟第 2 节管节开挖引起的地层损失；再匀速拉动小车牵引线 1 个管节距离，装有铅块的小车到达第 3 个管节处，模拟第 2 节管节开挖引起的卸载效应；打开第 2 节管节输浆管阀门，在浆液注入口注入透明凝胶材料，模拟壁后注浆，注浆完毕关闭第 2 节管节输浆管阀门。

④ 依照步骤③依次开挖后续管节，通过对透明管体的牵引移动，释放透明管体与彩色管节之间的土体，实现隧道开挖过程中地层损失量和动态发展过程的模拟；通过控制放置铅块的小车移动，实现隧道开挖引起的卸载效应；通过输浆管向彩色管节外注入透明凝胶材料、结合透明管尾部的橡胶密封圈来模拟壁后注浆过程；通过柔性橡胶箍环连接的彩色管节可以模拟隧道上浮、隧道

纵向不均匀变形、相邻管节错动等工况；通过设置于既有管线上的应变片、应力计来记录隧道开挖过程中既有管线的变形、内力情况，从而模拟出隧道实际施工过程中对既有管线的影响。模拟试验完成后顶管隧道、既有管线及地表变形状态示意图如图 4-32 所示。

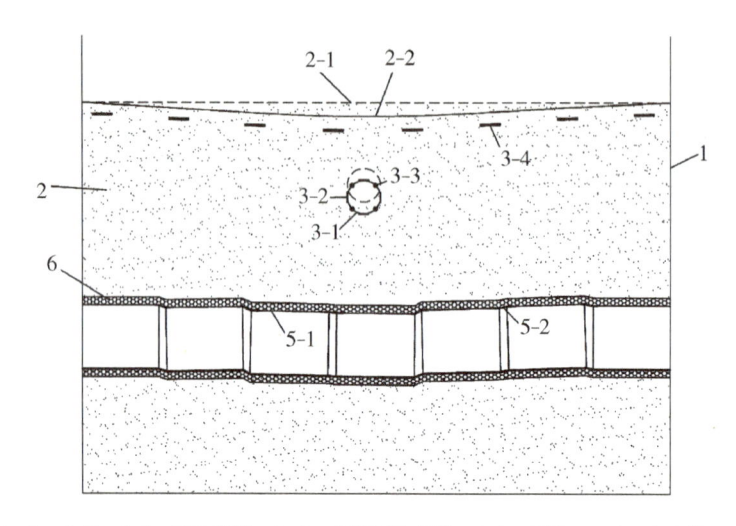

1—模型土箱；2—土层；2-1—原地表线；2-2—变形后地表线；3-1—管体；3-2—应变片；3-3—应力计；3-4—土压力盒；5-1—彩色管节；5-2—橡胶箍环；6—透明凝胶。

图 4-32　顶管下穿既有管线的施工模拟试验开挖完成后顶管隧道、既有管线及地表变形状态示意图

进一步的，所述透明圆管直径（D_1）大于彩色管节直径（D_2），可以通过控制透明圆管直径与彩色管节直径的比值来控制地层损失率 η，地层损失率 η 的计算公式为 $\eta=(D_1-D_2)/D_2$。

进一步的，所述凝胶材料的注入量、注入压力、各注浆孔的注入量均可调整，以模拟不同注浆工况下隧道施工的影响。

4.5　本章小结

本章采用 FLAC3D 数值模拟的方法对四个车站出入口矩形顶管穿越密集

管线区的地层沉降以及不同工况下顶管施工对地层扰动等问题进行了研究，得到了以下结论：

（1）顶管的开挖过程中，土体竖向位移主要产生在管节正上方，在管节下方出现隆起，且与距顶管距离成正比，从地表到管节顶部埋深段，沉降槽的宽度随土层深度逐渐减小，但沉降值增加。从管节底部往下，沉降槽宽度逐渐增加，但隆起值减小。

（2）地表沉降以顶管轴线为中心大致呈正态分布，沉降最大值出现在顶管轴线上方，且随着距顶管轴线水平距离的增加，地表沉降逐渐降低。顶管轴线正上方地表沉降最大值出现在始发井附近，沿顶管顶进方向，轴线正上方地表沉降大致呈降低趋势。

（3）在顶管管节长度范围内，地层沉降随着土体深度的增加而增加，深层土体沉降的最大值出现在顶管轴线正上方。在顶管管节长度范围外，地层的沉降随着土体深度的增加呈减小的趋势。随着距顶管轴线水平距离的增加，沉降曲线逐渐由"矮胖"型变成"瘦高"型。

（4）顶管下穿管线密集区时，多条管线具有的刚度相互叠加，形成屏障阻止管线上方土体下沉，管线下方土体产生的沉降小于同深度土体，在管线周围形成了以管线为中心的凹陷区，凹陷区的范围与管线的尺寸呈正相关，左右大致为管线尺寸的 4 倍，底部大致为管线尺寸的 2 倍。

（5）相同尺寸下，管线材质的刚度越大，抵抗土体变形的能力越强，管线及管线上方的土体位移越小。刚度较大管线的变形曲线变化幅度较缓慢，最大位移较小。刚度较小管线的变形曲线变化幅度较快，最大位移较大，管线抵抗变形的能力较差。

（6）顶管施工在未注浆工况下，管节与土体直接接触，最大沉降为 26.5 mm；注入触变泥浆后，泥浆起到填补支撑土体的作用，沉降值降低到 16.6 mm，下降了 37.4%。顶管贯通后用水泥浆置换触变泥浆后，沉降值进一步降低，降低到 10.7 mm，与未注浆工况相比，下降了 59.6%，与注入触变泥浆工况相比，下降了 35.5%。

（7）结合顶管隧道管片上浮、环间错动特性，考虑隧道纵向的不均匀变形，同时考虑地层损失及壁后注浆的影响，提出顶管下穿既有管线的施工模拟试验装置及方法。试验综合考虑顶管开挖时地层损失、壁后注浆、管片上浮、环间错台、隧道纵向不均匀沉降等变量，同时能够预测顶管施工对既有管线的影响，为顶管工程穿越既有管线的实际工程实施提供参考信息，减小工程风险。

第五章

矩形顶管刀盘刀具选型及开挖盲区问题分析与对策

5.1 复杂地层矩形顶管刀盘刀具选型问题分析

5.2 矩形顶管开挖形式调研及开挖盲区问题对策分析

5.3 一种新型矩形顶管刀盘研发

5.4 本章小结

5.1 复杂地层矩形顶管刀盘刀具选型问题分析

5.1.1 软土地层刀盘刀具选型分析

本工程顶管机穿越地层主要为粉质黏土及黏土，基本功能要求为软弱土体切削，具有破岩功能的滚刀等刀具由于功能倾向不符，启动扭矩难以满足使用条件等问题，不适宜在此软土地层使用。结合国内外顶管施工经验，刀具选型建议如下：

（1）鱼尾刀先于其他刀具刮削刀盘中心部的土体，使地层松动，提高刀盘中心部位土体的流动性，方便其他刀具进行切削，减少其他刀具的切削阻力，并降低其磨损。

（2）先行刀或超前刀先于切削刀具切削，可以分割土体，提高土体流动性，方便切削刀具进一步工作。

（3）贝型刀用于处理刀盘受冲击引起的刀盘磨损，同时刀盘底部会有积土土渣，贝型刀可以进行清理工作，提高掘进效率。

（4）切刀及刮刀用于软土层的切削，刮刀亦可刮削软岩，清理刮削渣土。

（5）齿刀用于软岩切削，滚刀用于破岩，不适宜软土层切削，同时易产生较大扰动。

（6）仿形刀或者超挖刀用于机体调整方向，需要配合油缸，顶管机调整方向可以采用纠偏油缸进行，此种刀具的应用需结合具体的顶管机功能使用。

顶管机基本功能要求为软土切削，对于软土层切削功能的要求，选用鱼尾刀、切刀刮刀，切削效果良好。大刀盘刀具布置为中心鱼尾刀，每根辐条排列对称的4对刮刀，先行刀与刮刀错开布置。小刀盘相对刀盘刀具数目一致，为3对或4对刮刀，先行刀布置同刮刀布置方式。

针对软土地层工程，顶管顶进多采用多刀盘土压平衡顶管机，其基本原理是电机通过安装在隔仓板上的减速器，驱动、旋转刀盘，刀盘切削掌子面并将切削下来的泥土在泥土仓内进行土体改良形成塑性体泥团,通过螺旋出土器控制排土量来平衡土压力和地下水压力。顶管机下部设有螺旋输送机的喂料口,切削下来的土体通过螺旋输送机排出。由于前壳体被隔仓板隔离成前面的土压仓和后面的动力仓两部分,地下水无法渗透进来,所以多刀盘土压平衡顶管机可在高地下水位以下进行顶管施工有效控制地面沉降。

本工程采用土压平衡式 6 900 mm×4 900 mm 矩形顶管机掘进施工,顶管机机头共布置 6 个刀盘,其中 3 个大刀盘直径 2 900 mm,采用 3 套 3 台 30 kW 电机,1.68 r/min。3 个小刀盘直径为 2 480 mm,采用 3 套 2 台 30 kW 电机,1.98 r/min,前后重叠布置。全断面总面积 33.81 m²,开口率约 65%,总推力约 3 040 t,推进速度 60 mm/min。

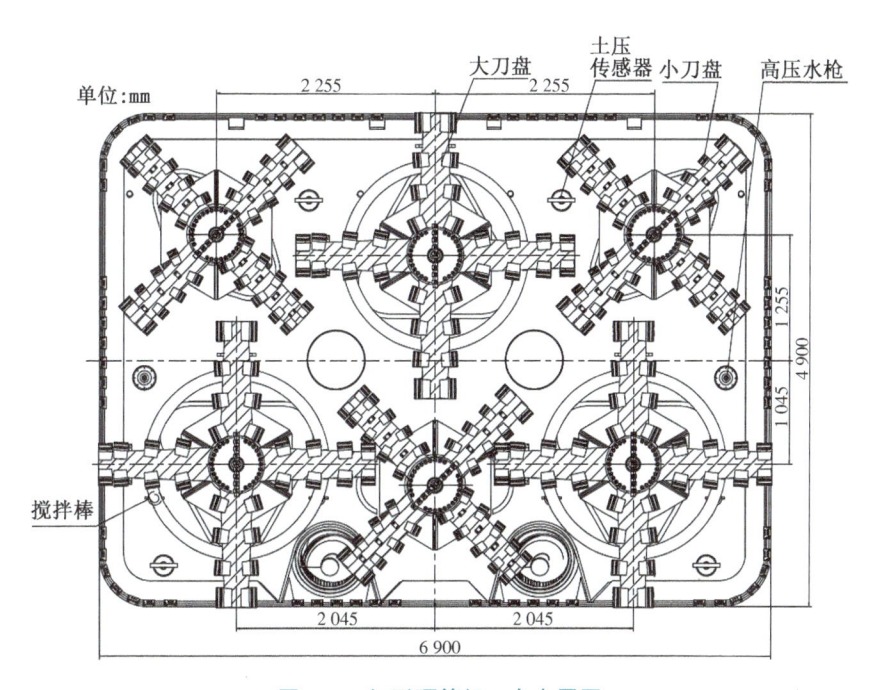

图 5-1　矩形顶管机刀盘布置图

5.1.2　全-强风化闪长岩地层刀盘刀具选型分析

风化岩是新鲜岩在风化作用下形成的物质,可划分为全风化、强风化、中等风化和微风化。全风化和强风化岩石强度一般较低,微风化和中等风化岩石强度较高。

在考虑岩石刀盘时，必须了解岩石的特性：岩石强度、岩石数量、岩石是破碎的还是层状岩体等。一般来说，掘进较硬的岩石需要更小的刀具间距和更大的推力。增加刀盘上刀具的数量以及增大刀具尺寸可以增大刀盘的推力。此外，了解推力的大小对刀具的使用寿命和掘进效率来说也至关重要。推力过猛会降低刀盘轴承的使用寿命，而损坏的刀盘轴承将导致打滑，带来经济损失和安全隐患。岩石地层往往会用到滚刀，在石块进入二次破碎仓内前先由刀盘上的滚刀切割成小块。硬岩刀盘开口率通常为 10%~20%。

顶管机的刀盘切割面装有合金滚动滚刀和固定刮刀，刀座和刀盘采用耐磨焊条进行焊接，形成一个整体。滚刀和刮刀在刀盘上呈全段面布置，施工过程中，刀盘在液压装置和电机装置的驱动作用下边转动边向前顶进，刀盘上的滚刀随之在工作面岩体上滚动，刀尖对岩体滚动挤压，使岩体出现破裂。同时，刮刀对破裂的岩体进行切割，使岩体脱落，实现对工作面岩体的初步破碎。

初步破岩后，产生一些大块坚硬石块，经刀盘开口进入二次破碎舱后，刀盘背部的牛腿与锥形破碎舱下部的突起耐磨破碎筋会组成剪切破碎结构进行二次破碎。耐磨破碎筋为破碎结构的固定端，刀盘牛腿为破碎结构的运动端。在刀盘的运动作用下，二者配合形成剪切系统，进而实现大块石的二次破碎。

（1）针对本工程开挖面可能的特点，采用六只大小刀盘组合，它具有间隙小和切削面积大的特点；

（2）大小刀盘均布置加密先行刀和刮刀，均采用矿用合金刀头，满足在细砂、中砂和砾石中切削和寿命需要；

（3）每个辐条正面均布置一个单向注浆口，可以加注水、泡沫等用于改良土体。

5.1.3　复杂地层矩形顶管刀盘刀具选型建议

复合地层是指在地下工程开挖断面范围内和开挖延伸方向上，由两种或两种以上不同地层组成，且为地层的工程地质和水文地质等特征相差悬殊的地层组合。当顶管断面位于复合地层（两个或两个以上地层）时，往往优势地层决定了顶管施工方法的选择。如果复合地层各个土体单元之间软硬程度相差过大，必须引起足够重视，以免顶进过程中机头扭转。适用于复合地层的顶管机刀盘开口率通常在 20%～40%。较硬的碎石、卵石会进行二次破碎再进行输送。

我国幅员辽阔，各地的地质条件千变万化，有不同硬度层理结构的岩石、砂砾石、砂土、粉质砂土、淤泥质黏土等。针对各类不同的地质条件，能否选用或设计满足工程施工需要的顶管刀盘及刀具是工程能否成功的关键因素。

对在复合地层下的顶管刀盘及刀具进行选型分析，要综合地层的工程地质条件，对岩体的工程特性展开研究。最终确定刀具类型、刀具的布置、盘体设计及特殊要求等，流程与相互关系如图 5-2 所示。

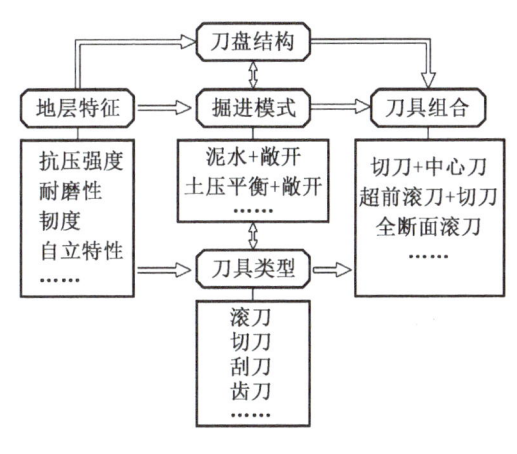

图 5-2 刀具组合

对于不同的刀具，其切削机理不同。因此，刀具的选择必须适应复杂地层施工的特点。分析该隧道线所要穿越地层的地质条件，岩体的工程特性，来决定采用的刀具和刀具组合。针对复杂地层施工，可采用如下刀具配置方式：

(1) 贝壳刀：数量共 162 把，大刀盘 26 把/盘、小刀盘 28 把/盘。主要布置于刀盘面板正面，先于刮刀接触地层，犁削土层，将土体切割分块，为刮刀创造良好的切削条件。

(2) 刮刀：数量共 198 把，大刀盘 32 把/盘、小刀盘 34 把/盘。主要布置于刀盘面板正面辐条两侧，是刮削渣土的主要刀具。

(3) 中心刀：安装在刀盘的中心位置，具有定位与切削功能。

(4)刀盘钢结构材料采用 Q235 高强度钢板，正常工作环境下，刀盘整体强度和刚度满足全断面掘进要求，不会出现刀盘变形及过度磨损。

(5)刀盘开挖断面为 6 900 mm×4 900 mm（壳体断面为 6 940 mm×4 940 mm），合理开挖断面，既能保证顶管快速推进，又能有效减小开挖造成的地面沉降。

(6)每个刀盘设有 7 个注入口，单独的管路可对掌子面及泥土仓注入渣土改良剂。注入口前端装有喷嘴保护块，注入口设有橡胶喷嘴，受到压力才会张开向刀盘前端喷射泡沫等渣土改良剂，可有效防止堵塞。膨润土注入口可以随时与泡沫注入口切换，保证渣土改良效果。

矩形顶管机的刀盘由 6 个刀盘前后错开布置，其目的是增加挖掘的覆盖率，减小盲区。刀盘背部的搅拌棒起搅拌作用，防止刀盘结泥饼。刀盘由"粗壮"的辐条组成，增加强度、刚度。刀具主要采用中心刀、贝壳刀和切刀布置形式，以适用更复杂的地层情况、局部障碍物等。

5.2 矩形顶管开挖形式调研及开挖盲区问题对策分析

5.2.1 刀盘选型分析

刀盘刀具是顶管顶进工作的首要部件，选择合适的配套工具将有利于掘进工作的顺利开展，并使成本控制在合理的范围内。

地铁出入口开挖断面为矩形断面，需要使用矩形顶管机掘进，针对矩形开挖断面，可以选用组合式旋转刀盘与偏心多轴摆动刀盘。组合式旋转刀盘切削速率高扭矩小对周围土体扰动较小，但存在切削盲区。偏心多轴摆动刀盘不存在切削盲区，但对土体的扰动很大。针对工程覆土较浅的特点，应尽量避免对土体的扰动使地表产生较大形变，选择组合式旋转刀盘较为合理。

组合式旋转刀盘的单刀盘较盾构单刀盘组成更加简单，但外形上更多变，需结合刀盘尺寸、地质条件、埋深情况及周边环境等选择具体的刀盘组合形式。圆形刀盘辐条数常见六根，星形刀盘辐条数为五根，亦有三角形刀盘辐条数为三根。刀盘配置刀具一般为切刀刮刀等切削土体刀具。本工程选用组合式旋转刀盘，刀盘为呈十字形排列的四辐条设计。三组大刀盘三组小刀盘，保证切削效率的同时选择合理的辐条数目减小扰动。矩形顶管机刀盘设计图如图 5-3 所示。

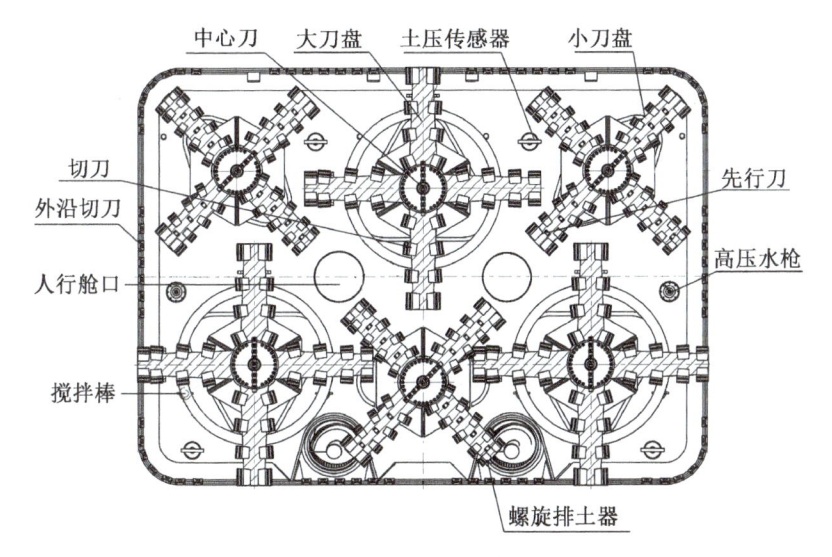

图 5-3　矩形顶管机刀盘设计图

5.2.2　矩形顶管与圆形顶管刀盘开挖盲区区别分析

圆形顶管断面形状为圆形，使用圆形单刀盘，刀盘中心与顶管机开挖断面中心重合，可以使刀盘切削运动轨迹与开挖断面符合，单个刀盘即可实现全断面无盲区切削。

矩形顶管开挖断面为矩形，使用单刀盘难以覆盖开挖断面的所有区域，采用多刀盘组合形式，尽量多地覆盖断面区域并减少盲区的产生，但多刀盘组合形式不能完全解决盲区存在的问题。几种矩形顶管盲区示意图如图 5-4 所示。

矩形顶管中盲区出现在刀盘之间的非重叠部分以及刀盘与顶管机管壁之间的间隔区域，而盲区具体的分布主要有两种形式：（1）在重叠刀盘顶管的断面中，内部刀盘由于重叠遮盖了间隙区域，盲区主要分布在顶管机两侧腰部的位置;(2)在非重叠刀盘顶管的断面中,断面内部刀盘与刀盘之间存在间隙,盲区出现在顶管机断面中部一些区域。盲区面积及盲区率估算表如表5-1所示。

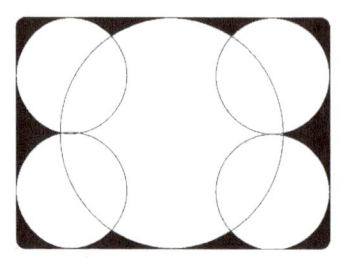

(a) 截面 3e×2e

(b) 截面 4e×2e

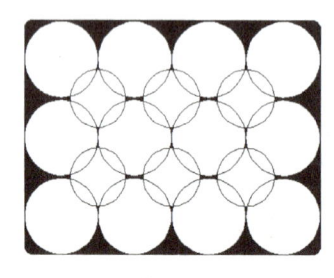

(c) 截面 4e×3e

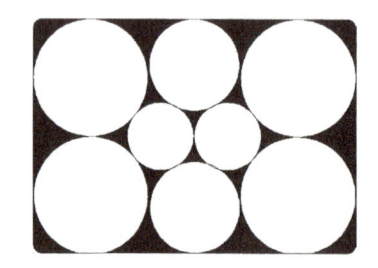

(d) 截面 2.75e×2e

图 5-4　几种矩形顶管盲区示意图

表 5-1　盲区面积及盲区率估算表

	盲区面积	盲区率
a	$0.83e^2$	13.83%
b	$0.54e^2$	6.75%
c	$0.65e^2$	5.42%
d	$0.81e^2$	14.73%

5.2.3　矩形顶管施工开挖盲区对策措施研究

当顶管机在软黏土等土体强度较低的环境中工作时,由于土体强度不高,对土体不需施加较大的影响就可以使土体产生流动、脱离,盲区的处理也相对简单，尤其是小范围的盲区通过推进以及管壁的铲刀作用就可以使盲区处的土体脱落。

当顶管机在土体强度较高的硬土层中顶进时，由于土体不易产生形变，会结成泥饼，顶进时的推力也需要适应性提高，刀盘切削时的扭矩增大。另外由于土体塑性形变小，使地面产生隆起或沉降等问题。这些问题最终会影响施工效率，导致施工进度放缓，工程延期。在覆土厚度足够深或地面扰动的影响不会产生恶劣后果的工作环境中，可以使用偏心多轴摆动刀盘等异形刀盘来避免盲区产生。

优化刀盘设计减少盲区产生：(1)重叠刀盘。刀盘相交区域虽然对切削功能的需求有溢出，但保证了在土层中较好地处理顶管机断面中部的土层开挖盲区问题，避免盲区在断面中心部产生，使盲区问题集中在开挖断面腰部解决；(2)合理设计各分体刀盘大小及形状，进行优化布置，在保证切削能力与切削速度的前提下，减小单个盲区的面积从而减小整个断面上盲区的总面积，从而减小并弱化盲区问题对顶进工作的影响并便于采取其他措施处理盲区问题。

盲区处理：

(1)在顶管机对应的盲区区域设置劈刀，并在刃口上设置铲齿，直接对盲区土体进行钻裂破体。

(2)顶管机管壁设置管壳切刀或其他能够起到分割土体的切削设备，对应解决刀盘与顶管机管壁之间的盲区土体问题。

(3)使用效果较好的土体改良剂，辅助切削刀具发挥作用，使土体在原基础上更易被破坏，盲区土体更易产生破坏。

其他措施：

(1)增设搅拌装置，减少堆土，设置分渣器。若切削土体未能及时排出，甚至堆积在刀盘附近，与盲区连通并挤压密实，对盲区的处理会变得更加困难，引发更多问题影响顶进工作。设置搅拌装置等可以及时疏通土体，避免堆积以及并发问题产生。

(2)盲区设万向球头风钻，对开挖盲区可能存在的大型障碍物进行处理。

(3)盲区设高压水喷口、锥环，对开挖盲区可能存在的泥饼进行防治、处理。

5.3 一种新型矩形顶管刀盘研发

(1) 研发背景

随着我国城市建设的高速发展，城市交通建设也如火如荼地进行着。地铁作为一种重要的城市交通形式，在城市运行的过程中起着举足轻重的作用。矩形顶管技术就是针对地铁出入口开挖的一种技术，矩形顶管机在此技术中用于地铁出入口的开挖，开挖土层较浅，土层复杂程度低，开挖面小。开挖浅覆土时对刀盘结构强度以及刀具要求不高，但现有部分刀盘设计极大地超出了在浅覆土工作时对刀盘的能力需求，刀盘过于复杂，且造价昂贵。另有一部分刀盘设计，由于其设计特点并不针对浅覆土，在浅覆土中掘进时会产生较大扰动，同时其切削能力也与浅覆土不相适应，切削浅覆土能力弱。

(2) 研发内容

一种新型矩形顶管刀盘，包括圆心重合的中心面板、内道钢圈、外道钢圈及固定在中心面板及钢圈上的六根辐条，中心面板上设一排鱼尾刀，内道钢圈位于中心面板与外道钢圈之间，外道钢圈布锯齿，每根辐条上间隔布置刮刀与贝壳刀，每组刮刀由刀口紧贴辐条边缘的两把刮刀组成，贝壳刀设置于辐条中部，相邻辐条间同半径处刮刀与贝壳刀交错分布。装置如图5-5所示。

辐条可拆卸，便于适应地层变化，根据土壤条件调整辐条数目。

钢圈和钢圈固定六个辐条，钢圈向刀盘方向设有一排锯齿。

贝壳刀比刮刀高出一段距离，相邻辐条贝壳刀与刮刀所在位置错开，当一幅条某位置处为刮刀，则相邻辐条该位置处必为贝壳刀。刮刀可变更为切刀，贝壳刀可变为其他先行刀，种类变化的同时保证相同位置处高度关系不改变。

矩形顶管刀盘的特征是所述单根辐条上刮刀与贝壳刀由刀盘中央向外交错排布，一排设置两片刮刀，一排刮刀后设置贝壳刀，贝壳刀后再设置刮刀，如此交错排布。

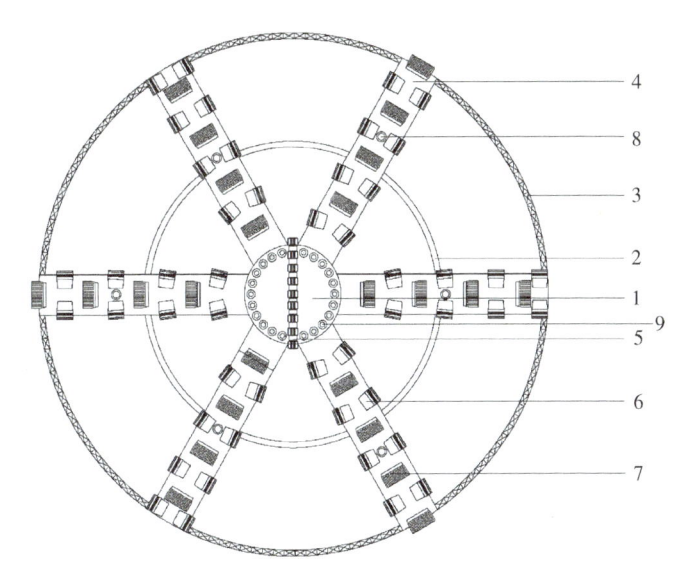

1—中心面板；2—内道钢圈；3—外道钢圈；4—辐条；5—鱼尾刀；
6—刮刀；7—贝壳刀；8—注浆孔；9—螺栓

图 5-5　本装置正视图

　　为达成上述目的，通过以下技术方案实现：一种新型矩形顶管刀盘，包括布置有刀具的六根辐条，同时六根辐条被两根钢圈固定。两钢圈中内层钢圈无齿，协助外钢圈固定辐条，防止辐条因切削阻力以及意外碰撞而产生移位或变形。外层钢圈布单排齿，用于辅助切削土体，提高切削效率，节省刀具用量并减小刀具损耗。同一辐条上，由内向外交错布置刮刀与贝壳刀，刮刀一排一双，相邻处不出现同一种刀具。相邻辐条的同一位置布置刀具，且相邻辐条同一位置刀具种类必不相同。贝壳刀高度高于刮刀高度，同时刮刀可更换为切刀，贝壳刀可更换为其他先行刀，但同一位置刀具种类变化，其高度及与相邻位置刀具高度关系不变。辐条可拆卸，根据挖掘土层的条件可以调整为适合数目。鱼尾刀位于刀盘正中，先于其他刀具搅动切削土体。

5.4 本章小结

（1）刀盘刀具选型及盲区处理不当将对土层产生较大扰动、降低施工效率，带来安全隐患。

（2）顶管机工作环境为软土且覆土较浅，应选用组合式旋转刀盘，降低对土层扰动，刀具选择以切刀、刮刀等土体切削刀具为主。

（3）顶管施工盲区问题的解决，可从以下三个方面应对：

① 刀盘选型避免盲区产生；

② 优化刀盘设计减少盲区面积；

③ 盲区产生后处理。

（4）在土体强度较低的环境中，顶管机可以通过推进和管壁的铲刀作用轻松处理小范围的盲区，使土体脱落。然而，在硬土层中，土体难以形变，会形成泥饼，导致推力和刀盘切削扭矩需增大，可能引起地面隆起或沉降问题，影响施工效率和进度。为应对这些挑战，可以采用重叠刀盘设计和异形刀盘等优化措施减少盲区，并通过设置劈刀、管壳切刀和土体改良剂直接处理盲区土体。此外，增设搅拌装置和高压水喷口等设备可防止土体堆积和处理障碍物，有效提高顶管机的工作效率和安全性。

（5）研发一种新型矩形顶管刀盘，包括布置有刀具的六根辐条，同时六根辐条被两根钢圈固定。两钢圈中内层钢圈无齿，协助外钢圈固定辐条，防止辐条因切削阻力以及意外碰撞而产生移位或变形。外层钢圈布单排齿，用于辅助切削土体，提高切削效率，节省刀具用量，减小刀具损耗。

第六章 总　结

6.1　软黏土及风化闪长岩地层触变泥浆配制及减阻技术研究总结

6.2　矩形顶管穿越管线密集区沉降规律研究总结

6.3　矩形顶管刀盘刀具选型及开挖盲区问题分析与对策总结

6.1 软黏土及风化闪长岩地层触变泥浆配制及减阻技术研究总结

矩形顶管穿越软黏土及风化闪长岩地层时，触变泥浆的减阻性能优劣对顶管正常施工十分重要，同时在穿越管线道路工况时，地层扰动以及地表沉降等问题依然是地下工程领域最为关注的问题之一。依托济南地铁 2 号线部分车站出入口工程矩形顶管下穿道路管线所面临的黏土矿物易包裹机身、污水管泄漏、地层变形沉降控制要求严格等施工问题，通过粉质黏土和风化闪长岩地层触变泥浆性能指标及减阻效果以及在污水影响下的泥浆性能及减阻效果室内试验研究，可以得到如下结论：

（1）随膨润土含量的增加，泥浆漏斗黏度增加幅度较大，密度、pH 增加较少，失水量、析水率减少。随聚丙烯酰胺含量的增加，漏斗黏度增加明显，失水量先增后减。对于依托工程来说，性能指标较好的泥浆配比为膨水比 1∶10、1∶12 的膨水泥浆以及添加 0.01% 聚丙烯酰胺的膨水比 1∶10、1∶12 的泥浆。

（2）当未采用泥浆减阻时，粉质黏土与水泥板之间摩擦系数为 0.463，风化闪长岩地层与水泥板之间摩擦系数为 0.360，相差 28.6%。当采用聚丙烯酰胺含量 0.01% 的膨水比 1∶10 泥浆减阻后，前者摩擦系数降为 0.275，后者摩擦系数降为 0.230，相差 19.6%。在粉质黏土地层泥浆减阻后，总顶推力下降了约 18.6%，涂蜡后下降了 3.2%。风化闪长岩地层减阻后，总顶推力下降了约 14%，涂蜡后下降了 1.1%，当顶管施工距离较长时，触变泥浆的减阻效果将进一步提升。

（3）含高无机盐离子污水渗入泥浆后，无机盐离子正电荷与泥浆土颗粒负电荷相互吸引，导致土颗粒之间排斥作用降低，泥浆的 ζ 电位从稳定的 31 mV 逐渐降低到不稳定的 19.3 mV、15.8 mV。大粒径土颗粒含量明显增加，在 100～1 000 μm 的粒径范围内出现了小型的波峰，同时在 10 μm 粒径附近的土颗粒含量减小，泥浆发生团聚沉淀现象，析水率大幅度升高。粉质黏土地层污水渗入后顶推力增加了约 11%，风化闪长岩地层污水渗入后顶推力增加了约 9%。

（4）矩形顶管顶推力主要由顶管机掌子面的迎面阻力和顶管管周摩阻力两部分组成，迎面阻力介于主动土压力和被动土压力之间，现有理论对矩形顶管管周摩阻力的计算主要从宏观角度借鉴经验公式推导，误差较大且未成体系。

（5）本书考虑顶管施工过程中的注浆减摩作用，结合流体力学 N-S 方程和牛顿平板模型理论，推导出了矩形顶管施工顶进过程中的顶推力方程，弥补了现有矩形顶管顶推力公式体系不足的问题。

（6）结合实际工程算例，将目前常用的矩形顶管顶推力计算公式结果与本书计算公式结果进行对比，分析结果表明：相比于其他公式，本书推导公式由于考虑了注浆减摩的作用，计算结果与实测值更为接近，表明本书公式更具有普适性。

6.2 矩形顶管穿越管线密集区沉降规律研究总结

FLAC3D 数值模拟对四个车站出入口矩形顶管穿越密集管线区的地层沉降以及不同工况下顶管施工对地层扰动等问题的研究，得到了以下结论：

（1）顶管施工中，土体竖向位移发生在管节正上方，且与距顶管距离成正比，从地表到管节顶部埋深段，沉降槽的宽度随土层深度逐渐减小。地表沉降以顶管轴线为中心大致呈正态分布，沉降最大值出现在顶管轴线上方，且随着距顶管轴线水平距离的增加，地表沉降逐渐降低，地表沉降最大值出现在始发井附近。地层沉降随着土体深度的增加而增加，深层土体沉降的最大值出现在顶管轴线正上方。随着距顶管轴线距离的增加，沉降曲线逐渐由"矮胖"型变成"瘦高"型。

（2）顶管下穿管线密集区时，多条管线具有的刚度相互叠加，形成屏障阻止管线上方土体下沉，管线下方土体产生的沉降小于同深度土体，在管线周围形成了以管线为中心的凹陷区，凹陷区的范围与管线的尺寸呈正相关，左右大致为管线尺寸的 4 倍，底部大致为管线尺寸的 2 倍。

(3) 相同尺寸下，管线材质的刚度越大，抵抗土体变形的能力越强，管线及管线上方的土体位移越小。刚度较大管线的变形曲线变化幅度较缓慢，最大位移较小。刚度较小管线的变形曲线变化幅度较快，最大位移较大，管线抵抗变形的能力较差。

(4) 顶管施工在未注浆工况下，管节与土体直接接触，最大沉降为 26.5 mm；注入触变泥浆后，泥浆起到填补支撑土体的作用，沉降值降低到 16.6 mm，下降了 37.4%。顶管贯通后用水泥浆置换触变泥浆后，沉降值进一步降低，降低到 10.7 mm，与未注浆工况相比，下降了 59.6%，与注入触变泥浆工况相比，下降了 35.5%。

6.3 矩形顶管刀盘刀具选型及开挖盲区问题分析与对策总结

(1) 刀盘刀具选型及盲区处理不当将对土层产生较大扰动、降低施工效率，带来安全隐患。

(2) 顶管机工作环境为软土且覆土较浅，应选用组合式旋转刀盘，降低对土层扰动，刀具选择以切刀、刮刀等土体切削刀具为主。

(3) 顶管施工盲区问题的解决，可从以下三个方面应对：

① 刀盘选型避免盲区产生；

② 优化刀盘设计减少盲区面积；

③ 盲区产生后处理。

(4) 本工程使用重叠刀盘设计，配合管壳边缘切刀，避免断面中心区域产生盲区，并解决了开挖断面腰部的盲区土层问题，效果较好。

参考文献

[1] 余彬泉,陈传灿.顶管施工技术[M].北京：人民交通出版社,1998.

[2] 余芳.顶管施工引起地面沉降的分析研究[D].上海：上海交通大学,2009.

[3] 蒋文路.顶管工程施工中关键性技术环节的控制[D].合肥：合肥工业大学,2009.

[4] 林强强.矩形顶管引起地面变形的实测分析与控制研究[D].上海：同济大学,2008.

[5] 林秀桂,曹艳菊,谢东武.软土地层长距离大断面矩形顶管姿态控制技术[J].现代隧道技术,2020,57(S1)：1007-1014.

[6] 薛广记,贾连辉,范磊,等.大断面矩形掘进机土压平衡控制技术探究[J].建筑机械化,2020,41(10)：41-45.

[7] 陈雪华.由广州金土承顶的国内顶进距离最长、综合管廊断面最大矩形顶管工程贯通[J].隧道建设(中英文),2017,37(11)：1482.

[8] 荣亮,杨红军.郑州市下穿中州大道超大断面矩形顶管隧道施工沉降控制技术[J].隧道建设,2015,35(12)：1338-1344.

[9] 张中杰,黄爱军,王春凯.软土地区地铁车站矩形顶管法施工方案研究[J].城市轨道交通研究,2020,23(7)：163-166+171.

[10] 高乃熙,张小珠.顶管技术[M].北京：中国建筑工业出版社,1998.

[11] 杨烨旻.顶管施工注浆作用及环境效应研究[D].上海：上海交通大学,2010.

[12] 史培新,俞蔡城,潘建立,等.拱北隧道大直径曲线管幕顶管顶力研究[J].岩石力学与工程学报,2017,36(9)：2251-2259.

[13] 田配琴.顶管施工引起地表塌陷及关键技术分析[J].湖南城市学院学报(自然科学版),2014,23(2)：10-14.

[14] 陈秋南,衣利伟,马缤辉,等.砂卵石地层顶管施工地表塌陷成因与处治技术[J].湖南科技大学学报(自然科学版),2017,32(3)：34-40.

[15] 喻军,李元海.顶管泥浆套的物理性质对顶推力的影响[J].土木工程学报,2015,48(S2)：327-331.

[16] 魏纲,徐日庆,邵剑明,等.顶管施工中注浆减摩作用机理的研究[J].岩土力学,2004,

(6): 930-934.

[17] STEINER W. Slurry penetration into coarse grained soils and settlements from a large slurry shield tunnel[C]//Geotechnical aspect so funder ground construction in soft ground. 1996: 329-333.

[18] MILLIGAN G. Lubrication and soil conditioning in tunneling pipe jacking and micro tunneling: A state-of-the-art review[M]. London: Geotechnical Consulting Group, 2000.

[19] HIDEKI S, KIKUO M. Seepage Behavior of Mud Slurry on Soil around Pipe in Using Pipe Jacking[J]. Shigen-to-Sozai, 1997, 113(9): 669-676.

[20] 王双,夏才初,葛金科.考虑泥浆套不同形态的顶管管壁摩阻力计算公式[J].岩土力学, 2014,35(1): 159-166+174.

[21] 刘月,陈诚,陈绍龙,等.长距离顶管施工中触变泥浆应用技术研究[J].施工技术,2018, 47(S1): 853-855.

[22] 王福芝,曾聪,孔耀祖.大直径长距离顶管润滑泥浆方案研究[J].地质科技情报,2016,35(2): 49-52.

[23] 王明胜,刘大刚.顶管隧道工程触变泥浆性能试验及减阻技术研究[J].现代隧道技术, 2016,53(6): 182-189.

[24] 袁为岭,荣亮,杨红军.原材料含量对顶管施工触变泥浆性能的影响[J].隧道建设,2016, 36(6): 683-687.

[25] 王李昌,赵跃奇,隆威,等.大直径顶管穿越沙漠深部护壁浆液体系研究与应用[J].地质与勘探,2020,56(1): 163-172.

[26] 罗云峰.长距离大直径混凝土顶管中的减阻泥浆研究与应用[J].建筑施工,2014,36(2): 186-188.

[27] 王春婷,隆威.大口径长距离顶管工程泥浆配方试验研究[J].铁道科学与工程学报, 2014,11(1): 106-111.

[28] MILLIGAN G, NORRIS P. Pipe-soil interaction during pipe jacking[J]. Proceedings of the Institution of Civil Engineers Geotechnical Engineering, 1999, 137(1): 27-44.

[29] PELLET-BEAUCOUR A L, KASTNER R. Experimental and analytical study of friction forces during micro tunneling operations[J]. Tunneling & Underground Space Technology Incorporating Trenchless Technology Research, 2002, 17(1): 83-97.

[30] ZHOU S, WANG Y Y, HUANG X C. Experimental study on the effect of injecting slurry inside a jacking pipe tunnel in silt stratum[J]. Tunneling & Underground Space Technology, 2009, 24(4): 466-471.

[31] SHOU K，YEN J，LIU M. On the frictional property of lubricants and its impact on jacking force and soil-pipe interaction of pipe-jacking[J]. Tunneling and Underground Space Technology，2010，25(4)：469-477.

[32] KAI W，HIDEKI S，WEI Z. Frictional analysis of pipe-slurry-soil interaction and jacking force prediction of rectangular pipe jacking[J]. European Journal of Environmental and Civil Engineering，2018，24(1)：1-19.

[33] 郭伟,谢昊,武仁杰,等.顶管施工过程中膨润土润滑作用试验研究[J].河南科技,2015(1)：115-118.

[34] 刘招伟,杨朝帅.矩形顶管隧道施工中触变泥浆套形成规律及减阻效果试验[J].河南理工大学学报(自然科学版),2016,35(4)：568-576.

[35] 张鹏,谈力昕,马保松.考虑泥浆触变性和管土接触特性的顶管摩阻力公式[J].岩土工程学报,2017,39(11)：2043-2049.

[36] 张云杰.小间距大直径双孔顶管顶进对周围土体的影响[D].哈尔滨：哈尔滨工业大学,2013.

[37] 叶艺超,彭立敏,杨伟超,等.考虑泥浆触变性的顶管顶力计算方法[J].岩土工程学报，2015,37(9)：1653-1659.

[38] 肖世国,夏才初,李向阳,等.管幕内顶进箱涵时外表面摩擦系数的试验研究[J].岩石力学与工程学报,2005(15)：2746-2750.

[39] 简崇林,马孝春.长距离顶管工程中注浆减摩作用机理及效果分析[J].探矿工程(岩土钻掘工程),2010,37(12)：65-67.

[40] PECK R B. Deep excavations and tunneling in soft ground[C]// Proceeding of 7th International Conference on Soil Mechanics and Foundation Engineering. Mexico City：State of the Art Report，1969. 225-290.

[41] O'REILLY M P，NEW B M. Settlements above tunnels in the United Kingdom-their magnitude and prediction [M]. London：Institution of Mining and Metallurgy，1982：173-181.

[42] ATKINSON J H，POTTS D M. Subsidence above shallow tunnels in soft ground[J]. Journal of Geotechnical Engineering Division，1977，103(4)：307-325.

[43] 房营光,莫海鸿,张传英.顶管施工扰动区土体变形的理论与实测分析[J].岩石力学与工程学报,2003,(4)：601-605.

[44] SAGASETA C. Discussion：Analysis of undrained soil deformation due to ground loss [J]. Geotechnique，1988，38(4)：647-649.

[45] VERRUIJT A, BOOKER J R. Surface settlements due to deformation of a tunnel in an elastic half plane[J]. Geotechnique, 1998, 46(5): 753-756.

[46] 魏纲, 吴华君, 陈春来. 顶管施工中土体损失引起的沉降预测[J]. 岩土力学, 2007(2): 359-363.

[47] 李方楠, 沈水龙, 罗春泳. 考虑注浆压力的顶管施工引起土体变形计算方法[J]. 岩土力学, 2012, 33(1): 204-208.

[48] 许有俊, 王雅建, 冯超, 等. 矩形顶管施工引起的地面沉降变形研究[J]. 地下空间与工程学报, 2018, 14(1): 192-199.

[49] 陈枫, 胡志平. 盾构偏航引起的地表位移预测[J]. 岩土力学, 2004(9): 1427-1431.

[50] 张冬梅, 黄宏伟, 王箭明. 地铁盾构施工对相邻深基坑开挖的实测影响分析[J]. 大坝观测与土工测试, 2001, 25(3): 19-22.

[51] 潘伟强. 软土地区管幕群顶管施工地面沉降监测与分析[J]. 岩土工程学报, 2019, 41(S1): 201-204.

[52] 邓长茂, 彭基敏, 沈国红. 软土地区矩形顶管施工地表变形控制措施探讨[J]. 地下空间与工程学报, 2016, 12(4): 1002-1007.

[53] 黎永索, 张可能, 黄常波, 等. 管幕预筑隧道地表沉降分析[J]. 岩土力学, 2011, 32(12): 3701-3707.

[54] 喻军, 龚晓南. 考虑顶管施工过程的地面沉降控制数值分析[J]. 岩石力学与工程学报, 2014, 33(S1): 2605-2610.

[55] 魏纲, 徐日庆, 屠玮. 顶管施工引起的土体扰动理论分析及试验研究[J]. 岩石力学与工程学报, 2004(3): 476-482.

[56] 朱剑, 李振勇, 张泷. 复杂环境下大断面矩形顶管法施工过程地表沉降规律及控制措施研究[J]. 岩土工程技术, 2017, 31(1): 49-54.

[57] 邴风举, 王新, 习宁, 等. 顶管施工三维数值模拟及土质适用性研究[J]. 地下空间与工程学报, 2011, 7(6): 1209-1215.

[58] 张明磊, 隆威, 王李昌. 基于FLAC3D的顶管施工护壁泥浆套研究[J]. 科技视界, 2019, (9): 197-200.

[59] 黄宏伟, 胡昕. 顶管施工力学效应的数值模拟分析[J]. 岩石力学与工程学报, 2003(3): 400-406.

[60] 曹宇春, 诸葛恒源, 曾阳, 等. 大口径顶管施工对地表沉降的影响分析[J]. 科技通报, 2019, 35(6): 75-79.

[61] 贺桂成, 丁德馨. 顶管工作井围护开挖过程的FLAC3D模拟[J]. 南华大学学报(自然科学

版),2008,(3):15-20.

[62] 刘波,章定文,刘松玉,等.大断面顶管通道近接穿越下覆既有地铁隧道数值模拟与现场试验[J].岩石力学与工程学报,2017,36(11):2850-2860.

[63] 冯海宁,龚晓南,徐日庆.顶管施工环境影响的有限元计算分析[J].岩石力学与工程学报,2004(7):1158-1162.

[64] 林晓庆.矩形顶管施工对邻近地下管线的影响分析[D].广州:广州大学,2012.

[65] 彭立敏,王哲,叶艺超,等.矩形顶管技术发展与研究现状[J].隧道建设,2015,35(1):1-8.

[66] 谭青,徐孜军,夏毅敏,等.盾构切刀作用下岩石动态响应机制的数值模拟研究[J].岩土工程学报,2013,35(2):235-242.

[67] 贾连辉.矩形顶管在城市地下空间开发中的应用及前景[J].隧道建设,2016,36(10):1269-1276.

[68] 王旭东,郭京波.矩形盾构刀盘系统结构设计[J].石家庄铁道大学学报(自然科学版),2017,30(4):52-57.

[69] 刘娇.马蹄形隧道掘进机刀盘设计探讨[J].隧道建设,2017,37(S1):204-211.

[70] 杨天鸿.大直径顶管刀盘扭矩实测数据分析及控制技术[J].地下空间与工程学报,2021,17(S1):337-344.

[71] 高秀花,李俊梅,王娟.地下污水管道泄漏对环境影响研究进展[J].地下水,2009,31(4):85-88.

[72] 史顺奎.地下污水管道泄漏对环境影响的研究[J].环境与发展,2019,31(06):52+54.

[73] 连华阳.预防渗漏技术在道路污水管道施工中的控制措施[J].建材与装饰,2008(5):298-299.

[74] 邓科.城市生活污水有机成分与ASM水质特性参数关系研究[D].上海:同济大学,2006.

[75] 杨志勇,江玉生,雷军,等.污染地层泥水平衡盾构施工关键技术[J].施工技术,2014,43(23):118-120.

[76] 孙阳,宋德威,李耀东,等.矩形顶管考虑泥浆触变特性的顶推力计算[J].地下空间与工程学报,2022,18(4):1097-1103.

[77] 陈育民,徐鼎平.FLAC/FLAC3D基础与工程实例(第2版)[M].北京:中国水利水电出版社,2013.